我再也不想討好任何人

滑洋——著

前言

PREFACE

我們可以不用活得這麼累

在這個時代，你想當個「壞人」是很難的。從小到大，老師、家長都在教育我們要做個正直的好人，不能做壞事的信念深植在每個人心中。不論是社會和家庭層面，還是道德和傳統層面都有著巨大的支持系統讓你遠離「壞」。

但是「好人」的情況就不同了。有法律不允許你做個「好人」嗎？沒有！有道德約束你不能做個「好人」嗎？沒有！有摯愛的親人、朋友阻止你做個「好人」嗎？還是沒有。於是，不論一個人因為自己的「好」經歷著怎樣的痛苦，所有的社會支持系統都沉默著。每每想到這裡，我都覺得異常難過，在所有人都將注意力放在了與「壞人」激烈抗爭上的時候，「好人」一個人孤單地站在角落裡，尷尬地搓搓手，不知所措地抿抿嘴唇，抱著別人給自己立的「好人牌坊」，默默承受著痛苦與糾結。

「討好型人格」並不是一個新鮮的話題，但是提了這麼多年，大家仍然覺得「討好型人格」大概就是和「性格內向」一樣，是再正常不過的存在，甚至是日子過得太舒服之後的「無病呻吟」。我們卻沒有發現，心理諮詢診室裡擠滿了「好人」這一現象的嚴重性，甚至沒有意識到，「討好」對於一個人的生活造成了多麼大的困難與痛苦這一個事實。

「我為什麼無法拒絕別人？一拒絕我就覺得別人會生氣，而別人一生氣我就會難受，我們的關係就會破裂。可是不拒絕別人，我自己的需求又要安放在哪裡？我要怎麼滿足所有人的需要？」

「我從來不表達自己的想法與願望，總是默默地附和別人，我以為這樣就能

更安全，就可以得到愛，可是為什麼我會如此自卑？如此沒有安全感呢？」

「我為別人做了這麼多，別人卻沒有回報我。是我做錯了嗎？還是我不該期待別人的認可與好意？」

「我怕別人不高興、怕別人受傷、怕別人多想，你看我多善良。可是我為什麼覺得胸口悶悶的，一點都不開心呢？」

「我讓她不高興了、讓他失望了，我為什麼這麼差勁呢？我怎麼什麼都做不好？」

這些都是討好者的真實痛苦，是該被看見、該被重視、該被療癒的內心衝突。

所以，我寫這本書，就是希望書中的內容成為一股支持力量，支持你「壞一點」、支持你遠離做個「好人」所帶來的傷害；就算做不到「壞一點」，我也希望這本書能在你一個人忍受痛苦與孤單的時候，告訴你有人能夠理解你做個「好人」的不容易。

本書前八章，分別從拒絕別人就心慌、無條件地附和別人、不能對別人提要求、主動給別人方便、總是做別人期待的事情、停不下來的微笑、從不發脾氣、用極高的道德標準要求自己的討好型人格的典型困擾入手，為大家分析了這些行為模式背後的深層原因，並為你提供了切實可行的改變方式。在本書的最後，我還為大家總結並介紹了以「自我救贖，活出自我」為目標的「SELF心理自助療法」，這套方法將在你今後的生活中持續地幫助你改變自己的行為模式，提升心靈品質。

如果你也為自己的討好型人格深深困擾，那麼請一定要閱讀這本書，瞭解你討好型行為的深層原因，明白你可以選擇擁有一種輕鬆自在的生活方式。

目錄

CONTENTS

第四章 不等別人說，主動給人方便

第五章 我做的，都是別人期待的

第八章 「吾日三省吾身」的積極踐行者

討好型人格診斷測試

請回答以下問題（符合的請標✓），以判斷你的討好型人格的程度。

1. 不敢拒絕別人，認為自己一拒絕，別人就會生氣。 □
2. 害怕別人不高興，覺得別人不高興自己會難受。 □
3. 總是擔心與別人的關係會因為自己不能讓對方滿意而破裂。 □
4. 每天都忙於應付各種人的需要，感到疲憊與無力。 □
5. 總是附和別人，不敢表達自己的真實想法。 □
6. 性格溫和，沒有個性。 □
7. 守規矩、聽話，從不挑戰規則。 □
8. 身邊有很多朋友，卻感覺不到他人的愛意。 □
9. 不能向別人提要求，因為害怕被拒絕。 □

10. 別人一對你好，你就不知所措，甚至覺得內疚。 □

11. 有深深的自卑感，不敢行動。 □

12. 得不到他人的認可，就覺得自己沒做好。 □

13. 害怕被孤立，希望所有人都覺得自己是個好人。 □

14. 界線感不清，過度為他人的生活與情緒負責。 □

15. 不論自己做什麼，都希望有人可以同意自己這樣做。 □

16. 用極高的道德標準要求自己。 □

17. 害怕與別人競爭，不願意做決定。 □

18. 總是將微笑掛在臉上。 □

19. 從不發脾氣，覺得自己沒有攻擊性。 □

20. 從不爭強好勝，總是扮演「弱者」的角色。 □

21. 時常沒有安全感。 □

22. 壓抑自己的情緒，不敢表達。 □

23. 認為自己的人性裡不該有黑暗面。 □

24. 總是為別人犧牲自己，並告訴自己這是一種叫作奉獻的美德。 □

25. 經常自我反省，覺得自己做得不夠好。 □

26. 內心矛盾，不知道如何取捨才能讓自己和他人都滿意。 □

診斷結果

☑的總數為18～26個：你好，「骨灰級」討好者！

恭喜你，你的討好型人格已經深入骨髓。相信你已經被自己的討好型人格困擾已久，並已經開始逐漸意識到「討好」不是「善良」，而是一種「疾病」。為了獲得喜悅與健康，你非要做出些改變不可了！

☑的總數為9～17個：你好，討好型人格「資深玩家」！

雖然你的討好型人格還沒有讓你的生活一塌糊塗，但是已經讓你感受到了「不自由」。「為什麼我不能讓所有人都滿意？」「為什麼我總是成全別人卻委屈自己？」「到底該怎麼做才能不傷害別人又讓自己感到舒服？」是時候去面對這些問題了！

☑的總數為0～8個：你好，討好型人格「初學者」！

在討好這條路上，你還是一個「初學者」。將「討好」上升到你的人格問題可能有些誇張，但是在你的內心深處，燃燒著的仍然是做個「好人」的小火苗，只不過現實還沒有讓它成為熊熊大火。「如何將討好的火苗熄滅在搖籃之中」、「如何理解自己想要討好別人的願望」，解決這些問題，對你的幸福來說至關重要。

第一章

CHAPTER.01

拒絕別人就心慌

樂怡是一名工作了八年的檔案管理人員，年底正是她工作最繁忙的時候。然而，正當她焦頭爛額，焦慮於自己的工作無法按時完成的時候，和她很要好的一名同事小李向她提出了一個請求。小李說：「樂怡，我突然接到了主管安排的一個很重要而緊急的任務，非要今天做出來不可，可我實在是不知道要怎麼做，毫無頭緒，妳能不能幫幫我？」

聽到這個請求，樂怡的心情突然變得非常複雜，就像進入了一種進退兩難的境地。

一方面，面對一個來自相處了八年的同事兼朋友的請求，她真的不知道怎麼拒絕，生怕自己一拒絕對方就會生氣，會覺得自己「不夠意思」，甚至會因此和別人說自己的壞話，或者在下次自己需要幫助的時候採取報復行為，故意不幫自己。但就算對方不生氣，樂怡也過不了自己這一關，看起來小李真的遇到了麻煩，而一個樂於助人的人怎麼能袖手旁觀呢？

然而，另一方面，樂怡自己的工作還沒做完，還不知道有沒有人能幫一幫自己，實在是無暇給予別人幫助。已經連續加了幾天班的自己，要是再去樂於助人，恐怕今天就要睡在公司了。雖然事實如此，但是樂怡還是有一些責怪自己，在這份自責之下，樂怡還隱隱地感受到了一些憤怒和委屈，這是怎麼回事呢？答應小李的請求會讓自己很難受，但是不答應小李的請求會讓自己更難受，到底要怎麼辦呢？

關鍵字

脆弱

無法拒絕別人，是討好型人格的一個主要特徵。然而，你為什麼無法拒絕別人呢？要知道，一個人的行為背後，必然是有很多感受和信念支撐的。比如，「我不吃榴槤」這個行為的背後，必然是「一想到吃榴槤就覺得噁心」的感受，和「榴槤真臭」的信念。**而你不能拒絕別人的行為背後，是「一拒絕別人就感到恐懼」的感受，和「別人很脆弱」、「我很脆弱」、「關係很脆弱」的不合理信念。**

脆弱的別人：我一拒絕，對方就會生氣

討好型人格的人之所以無法拒絕別人，首要的原因就是內心關於「別人很脆弱」的基本信念。「我一拒絕，對方就會生氣」、「我一拒絕，對方就會受到傷害」，這都是對於「別人很脆弱」的預期。這份預期可以充分解釋我們拒絕他人時的一部分恐懼，**當我們和一個一碰就會碎的人在一起的時候，當然要小心翼翼，生怕自己一個不小心就讓對方粉身碎骨。**在這種預期下，**但凡有一點良知的人都會深感恐懼、如履薄冰。**

脆弱的父母

「別人很脆弱」的基本信念，一部分來自我們過去的經驗。**很多人認為討好**

型的人之所以常有討好行為一定是因為他們有著強悍、權威的父母，而實際上，這類人的父母往往是脆弱的、敏感的。當孩子對他們的要求說「不」的時候，他們的反應不是勃然大怒說：「看我不打死你！」而是感到自己深深地被傷害了。他們會面帶委屈、淚水漣漣地對孩子說：「你怎麼可以這樣對我，我真的太難過了。」「你這樣做了之後，我一連五天都在失眠，飯也吃不下，工作的時候也不能專心，以致被老闆罵了一頓還扣了工資，現在真的不知道怎麼辦好。」

這樣的經驗，在我們的內心深處打下了深深的烙印，我們告訴自己，千萬不要拒絕別人，因為我一拒絕，對方就「心碎」了！

脆弱的投射

「別人很脆弱」的基本信念也來自我們的投射。所謂投射，是一種很常見的心理機制，就是我們將自己的感情、衝動或者願望歸結在另一個人的身上，並因此扭曲了我們對他形成看法的過程。

舉一個簡單的例子：我們去郊遊，在碧水之中看到一條紅色的鯉魚游來游去。這個時候我們心想：「這條魚是多麼幸福而自在呀！」魚到底是不是幸福而自在的呢？沒有人知道，真正幸福而自在的其實是暢遊在青山碧水間的人。這就是投射，因為我們將自己愉悅的感受歸結到了魚的身上，以至於認為魚是幸福而自在的。

而你之所以認為別人很脆弱，有很大一部分原因是你將自己的敏感與脆弱投射到了別人身上。

不會拒絕的人，往往是非常善良的人。正是因為他們自己在遭到拒絕的時候會感到很受傷，會懷疑對方的拒絕是不是「不再愛我」的意思，是不是我哪裡得罪了對方，對方才會如此無情？所以他們才無法拒絕別人，以免他人因此承受被傷害的痛苦。

但是他人真的這麼脆弱嗎？也許是，也許不是。就好像魚到底是不是自由自在，沒人知道一樣。重要的是，你將自己的脆弱投射到了他人身上，並因此讓自己陷入了無法拒絕的艱難境地。

脆弱的我：別人一生氣，我就很害怕

與討好型的人心底「別人很脆弱」的基本信念交相呼應的是「我很脆弱」的自我認知。

討好型的人之所以不能拒絕別人，首先是因為「我一拒絕，對方就會生氣」的結果預期，但是這並不是問題的關鍵。**如果你能擁有一種「別人生氣就生氣，關我什麼事」的態度，就不會有什麼討好型人格問題了。**最關鍵的是，我一拒絕別人，別人就會生氣，而別人一生氣，我就會更加難受。所以，為了不讓自己痛苦、害怕、難受，我還是不要拒絕別人比較好。

進入兒時的狀態

從理智上來說，我們當然知道，即便別人因為我們的拒絕而生氣、記恨，也不能把我們怎麼樣。像是之前提到的不能拒絕同事的樂怡，她會因為沒有幫助同事就丟掉工作嗎？會因此而失去所有的愛與友誼嗎？會被判刑嗎？統統不會。但是她就是**忍不住擔心、害怕、不知所措，好像只要別人一生氣，自己的生活就「完蛋了」一樣。這是一種失去理智的狀態，一種兒時心理狀態的重現。**

每個孩子一出生，都不得不與兩個身高和力量是自己的幾倍、幾十倍，時刻決定自己是否可以吃飽，是否可以獲得情緒滿足的人，也就是我們的父母，生活在一起。如果父母每天和藹可親、充滿關切，那還好；然而現實並非如此，很多父母總會因為生活的壓力、自身的狀態等原因脾氣暴躁，漠視孩子的需要。這在成年人看來並沒有什麼大不了，在成年人的社交環境中，你生氣就生氣，一會兒就好了，要是你總是生氣我就不和你交往了。但對一個孩子來說，父母是他必須面對的，沒有選擇。一方面，這兩個「巨人」的怒火在他看來就好像地震山洪一樣可怕，無處可以躲閃；另一方面，這兩個「巨人」的情緒對他來說生死攸關，如果父母因為憤怒而不履行照顧自己的責任，孩子將面對極其不安的體驗，甚至有被餓死的可能。這種關係在成年人的世界裡當然是不存在的，卻會在我們想要拒絕別人的時候重現。

我一拒絕別人，別人就會生氣；別人一生氣，我就很慌亂；我一慌亂，理智就「斷線」；理智一「斷線」，我就真真正正地進入了兒時的狀態，變成了那個在父母情緒面前脆弱的小孩。所以，我不能拒絕別人，因為別人一生氣，我就「完

蛋」了。

別人會不會報復我

「一想到拒絕別人，我就擔心別人會生氣；而別人一生氣，我就很害怕」的討好型人格表現，還有一部分來自於你對於他人報復行為的恐懼。

我們擔心別人因為被拒絕產生的憤怒而不再和我做朋友，擔心他們會和別人說我們不像看起來那麼樂於助人，甚至會產生持續而廣泛的擔心，在我們下次需要幫助的時候，無人伸出援助之手。

對於他人報復行為的無端想像，主要來自兩個方面。**一方面，你將拒絕行為等同於攻擊。**既然拒絕別人就是在攻擊，那你對於他人報復行為的推測就順理成章了。一個人在遭到攻擊之後就會本能地攻擊回來，你打我一拳，我就要還你一拳，人的本性如此。但是拒絕真的等於攻擊嗎？你讓我幫忙拿個快遞，我說：「不好意思，我現在真的沒空。」我就攻擊了你嗎？答案顯然是否定的。將拒絕等同於攻擊，仍然是「你很脆弱，我也很脆弱」的底層邏輯在作怪。

另一方面，你將自己沒有察覺的憤怒與攻擊投射了出去。投射的概念我們剛剛講過了，是一個人將自己的感情與衝動歸結到另一個人的身上，並因此扭曲了你對這個人看法的心理機制。還是以樂怡不能拒絕同事要求的情景為例，樂怡在這一過程中感到了隱隱的憤怒，卻不知道是怎麼回事。其實這並不難理解，因為當我們正疲於應對自己的工作，一個人卻突然提出要求讓我們去幫他完成任務，這個時候我們當然會有憤怒的情緒。我們的內心焦慮煩躁，恨不得將對方大罵一頓趕出去，「我這麼忙，你還來添亂。我天天加班時怎麼沒見你來幫幫我，自己遇到困難，動一動嘴就要我幫忙。我需要幫助的時候都沒有對你開過口，因為怕麻煩你，你怎麼能這麼不為我考慮？」但討好型人格者內心的種種衝突讓我們無法順利地表達這一部分。**於是你將被自己壓抑了的憤怒與攻擊投射到別人身上，肯定地認為是別人生氣了，是別人想要攻擊你，卻沒有發現，是你自己生氣了，你想罵人。**

脆弱的關係：稍有不順從，關係就「完蛋」了

個體心理學之父阿德勒說：「人的一切煩惱都來自於人際關係。」我們不能拒絕別人，是因為害怕別人因此受到傷害，害怕別人會報復自己，害怕自己會承受不住別人的怒火，但是**歸根結柢是我們害怕失去關係、失去愛。不希望別人因為自己的拒絕而受傷，這是對關係的珍視；害怕別人覺得自己不夠樂於助人，這是對自己與他人建立關係能力的敏感；害怕自己在需要幫助的時候無人伸出援助之手，這是對失去關係的恐懼。如果我不需要關係、不需要愛，我哪裡還需要討**

好別人呢？

有條件的愛

在討好型的人心中，關係是一種很脆弱的存在。「我一拒絕，對方就不愛我了。如果我不能滿足對方，我們的關係就完蛋了」。這其實是「愛都是有條件的」、「想要被愛，我必須滿足對方的期待與要求」的基本信念造成的。

我們一直在提倡「鼓勵式教育」，這種方式本身很好，但是有時會被家長、老師們實踐成一種控制手段。透過鼓勵的方式，將「讓孩子成為最好的自己」的教育理念，變成了「孩子做了讓我滿意的事，我就表揚他」的互動方式。

孩子考試考了一百分，這是符合我心願的，於是我就和顏悅色地表揚他說：「你真是個好孩子。」孩子上大學想要專攻美術，但學美術能養活他自己嗎？這不符合我的人生觀、價值觀，於是我就疾言厲色地罵他不懂事。

這就導致了一個必然的結果：關係中的不安全感。**只有我讓你滿意、做了一些你認為好的事情的時候，你才誇我是個好孩子，才對我微笑，我才能感受到你是愛我的。而如果我做了不符合你的價值觀的事情，不能讓你滿意，你就會對我冷言冷語，讓我絲毫感受不到愛意。**這樣的關係是多麼脆弱和不安全！在這樣的潛意識關係底色之下，我怎麼敢透過拒絕來建立與別人的邊界呢？如果表達自己的意願意味著關係的喪失，我寧願做一個討好者！

討好者的關係劇本

討好型的人遲早會產生這樣的疑問：為什麼我身邊的人總是向我提明顯無理的要求呢？「我一拒絕，別人就會生氣」不完全是我的想像，而是有現實基礎的，

但為什麼我接觸的人大多需要「被討好」呢？答案是：你拿了一個討好者的「關係劇本」！

薩提亞老師說過：「人最大的本能不是生存，而是尋求安全感。」**如果我們在童年中持續擁有的都是「有條件的愛」，接觸的都是需要被討好的人的時候，我們將在一生中強迫性地重複這種強烈而深刻的互動模式。**雖然當一個討好者是痛苦的，但這是我熟悉的模式，是我駕輕就熟的「關係劇本」。別人告訴我不需要討好的生活很輕鬆，但是我不知道怎麼演，陌生的就是不安全的，而安全是人最基本的需要。不安全的就是壞的，所以我拒絕換劇本。

於是，我們在選擇朋友、身邊人的時候，會不自覺地挑選那些能夠配合我們演好自己討好型關係劇本的「好搭檔」，而需要被討好的、一被拒絕就要發脾氣的人無疑是最好的選擇。

這就好像在我的關係劇本中，假如我的角色是一名「怨婦」，於是我將有很大機率這樣挑選身邊的人：一方面，我會選一個不太合格的伴侶。如果我的丈夫對我又好、又能賺錢、又顧家，我的怨婦劇本要怎麼演下去呢？另一方面，我會混進一個認為「男人都不是好東西」的姐妹圈子裡。同樣的道理，在我熟悉的關係劇本中我是一個「怨婦」，要是我的朋友每天聊的都是「我的丈夫非常愛我、尊重我」，我的角色怎麼演得好呢？

討好者也是如此。在需要討好的關係中，我們很痛苦傷心，但是這不是最重要的。最重要的是，有人願意陪我玩這個熟悉的遊戲，讓我扮演熟悉的角色。**一切按照劇本走，就能讓我體會到掌控感與安全感，即便我現在知道，這是病態的。**

脆弱的苦果：疲於應付所有人的需求

在「別人很脆弱」、「我很脆弱」、「關係很脆弱」等一系列的潛意識認知下，討好型人格的人做出了「我不能拒絕別人」的最終決定，隨之而來的是一系列苦果。

無法滿足所有人的需要

討好型的人發現，即便自己不拒絕別人，也無法讓每個人都滿意。在這種現實下，討好型人格的人並沒有意識到「讓所有人都滿意」是不可能的，而是因此深感無力。

丈夫希望妳做個賢妻良母下班趕緊回家，老闆卻希望妳下班後積極社交，累積資源。保姆希望妳慷慨大方不要在薪酬上斤斤計較，婆婆卻希望妳精打細算會過日子。朋友希望妳週六上午陪她去選婚紗，嫂子卻希望妳週六上午能幫她帶一下孩子。滿足所有人的需要，不去拒絕，顯然是一件不可能的事情，但討好型的人卻執迷不悟，認為這是自己做得還不夠好，依然在冷酷的現實下努力創造滿足所有人的奇蹟。最終的結果只能是筋疲力竭、深感挫敗。

當想要滿足每一個人又無法做到的焦灼感，忙於應付每個人的需要而失去自我的委屈感，拒絕傷害別人的自責感，總是無法令別人滿意的焦慮感，一波波向你湧來的時候，內心的痛苦可想而知。我從來沒有拒絕過別人，努力地滿足別人的需要，可是誰能幫幫我，走出這痛苦的深淵呢？

越是不拒絕，別人越是喜歡麻煩你

討好型的人會發現，別人的需要並沒有因為一次被滿足而平息下來，反而因為你的不拒絕而愈演愈烈。在你沒有拒絕同事拿快遞的請求後，他就總是讓你幫忙拿快遞。你滿足了朋友開車送她回家的要求後，她就總想讓你下班送她。你因此不得不一次次地面對不知道該怎麼拒絕的情景，並一次次「強己所難」地滿足別人，這真的很令你困擾。

別人對待你的方式，是你自己培養出來的。如果別人一向你提要求，你就拒絕：「你這個人，沒看到我正在忙嗎？」那對方自然就學到：找你幫忙除了自找沒趣什麼用都沒有，於是他下次一定會換個人試試。但如果別人向你提要求，你不僅不拒絕，還強忍著內心的一萬個不爽對他說：「別客氣、別客氣，有需要隨時找我。」那對方當然就學到另一回事：找你幫忙不僅會得到幫助，你的態度還很好，下次當然還要找你。

所以你越是不拒絕，對方就越是找你幫忙，是你培養並強化了對方麻煩你的行為。這實在怪不得對方，畢竟你從未表達過自己的不願意，對方怎麼會知道呢？他還以為你真的就是這麼閒，而且樂於助人呢！

行動力的喪失

討好型的人還會發現，自己的行動力受到了嚴重的損害。在不能拒絕別人的行為模式下，你陷入了幫助別人也幫不好，滿足自己也滿足不成的困境。**幫助別人的時候滿腹牢騷，自然不能盡心盡力；拒絕別人的時候內心滿是恐懼，自然無法喜悅地認同此時的自己。利他或者利己，沒有一種方式可以讓自己「爽透」。**

這種狀態其實是你內心的衝突造成的。一方面，你希望自己可以滿足所有人，另一方面，你連自己的需要都滿足不了；一方面，你希望自己是無私的，另一方面，你的本性裡就是有自私這一部分；一方面，你努力討好不去拒絕，生怕關係會破碎，另一方面，關係總因為你的討好而充滿壓抑。**這種極端的矛盾與對立，會讓行為進入一種癱瘓狀態，你的精力都被消耗在了目標間的對立上，前進的動力已經少之又少。**

我常常說：討好型的人其實成不了真正的「好人」。內心的衝突讓我們無法充滿行動力地實現做一個「好人」或者「壞人」的目標，在討好型人格的影響之下，只有高不成低不就的「內心邪惡的好人」和「內心善良的壞人」。

在內心衝突帶來的行動力喪失之下，你是無力的，這份無力感再次加深了你滿足他人要求時力不從心的感受。這種感受讓你覺得幫助別人是一件非常困難而麻煩的事情，而這個認知又會加深別人提要求時你的憤怒和無力，最終讓你更加喪失行動力，陷入惡性循環，深深地被討好型人格的問題所困擾。

內心強大，關係才不脆弱

無法拒絕別人、總想討好別人的問題，從本質上來說與「別人」實在沒有多大關係，而是你內心的想法、過去殘留的感受在作怪。所以，想要學會拒絕、不再討好，真的很容易。你不需要去改變別人、改變世界，你需要做的只是讓自己的內心強大起來罷了。

方法1：與過去告別，你不再是那個無助的小孩

當你面對別人的要求無法拒絕，並因此進入一種進退兩難的境地時，你首先需要做的是**停下來並意識到發生了什麼**。你可以對自己說：「哦，我內心的那個脆弱的小孩又來了，歡迎，歡迎，歡迎。我看見你了，我接納你，我愛你。」

然後去體驗**一下自己內心那個充滿恐懼的小孩的感受，害怕自己會傷害別人，害怕面對別人的怒火，害怕遭到不能承受的報復，害怕失去他人的愛與喜歡，去看見這多層次的恐懼感。看見本身就是療癒，當我們恐懼、憤怒的感受不被意識察覺的時候，那種感覺就好像在伸手不見五指的黑暗裡，聽到遠處不知道什麼東西發出了奇怪的聲音，這會令我們非常慌亂。但是當我們看到它的時候，就好像天突然亮了，我們發現所謂恐怖的聲音不過是一隻小白兔從草叢經過發出來的而已。**

接下來，**你可以問問自己：我為什麼害怕呢？**問一問內心的小孩，你想告訴我的是什麼呢？只要你有足夠的耐心，就一定可以聽到答案。比如，「我之所以害怕，是因為我覺得自己很脆弱，沒有別人我會活不下去」、「我之所以恐懼，是因為別人很脆弱，我一拒絕，他們就會破碎」、「我的拒絕會令我失去關係、失去愛」等等。很明顯，這些信念是極不合理的。你已經是一個成年人了，沒有誰你都能活下去，也沒有人會因我們的拒絕而當場斃命，不然法律條款中早會寫明：「拒絕別人需要償命。」同時，如果一段關係已經到了遭受一次拒絕就會破碎的地步，這到底是什麼樣的關係呢？不要也罷。當我們意識到內心的這些不合理信念的時候，自然就可以輕鬆地看到其不合理之處。

不過，你實在沒有必要與這些不合理的信念對抗。更加有用的方法是，**看到這些信念背後美好的需要**。比如，我害怕因為拒絕而失去關係與愛，這個信念雖然不合理又極具破壞性，但有一點是不可否認的，就是這裡有一個美好的需要，我希望能夠擁有愛與幸福的關係。再比如，我害怕別人會因為我的拒絕而報復，這個信念雖然毫無現實依據並給我們造成了極大的痛苦，但是同樣不可否認的，是我們對於安全感的合理需要。

最後，你需要問自己的是：「**如何能夠換一種思路，用一種更健康的方式滿足我的這些美好的需要呢？**」比如，為了獲得幸福的關係，我是不是可以更直白地告訴別人我的需要與困難，而不是一味討好呢？畢竟每個人都喜歡真誠的人，不是嗎？再比如，為了獲得安全感，我是不是可以讓自己變得更強大，而不是無底線地委屈自己呢？

透過這樣的方式，你會發現，內心的那個脆弱的小孩似乎更開心了一些。因為他在你的接納與引導下慢慢長大了，學會了用一種更加成熟的方式面對自己的需要，用一種更積極的方式與這個世界打交道。

從自我覺察、情緒接納、信念轉換，到新經驗的獲得、學會愛自己、擁有極好的身心狀態，這只是我們**「自我救贖，活出自我」SELF心理自助療法**中的一個簡單應用。在書的最後我將為你有系統地介紹這一整套方法，並在書中的各個章節持續教你去使用它。

方法2：做出選擇，衝突就不可怕

討好的人之所以痛苦，是因為內心充滿衝突。

一方面想要拒絕別人，另一方面又拒絕不了；一方面想要做個無私的好人，另一方面又壓制不住自己的私欲；一方面想要透過討好與所有人都建立愛的關係，另一方面又對關係的安全有著極強的不信任感。種種的矛盾與衝突帶來了強烈的痛苦，於是你常常去想，怎麼能消除這些衝突呢？

想要消除衝突這個思路本身已經將我們引入了歧途。衝突是永遠存在、無法消除的。陰與陽是衝突，黑夜與白天是衝突，男人和女人是衝突，追求事業與回歸家庭是衝突，嚴師出高徒與愛的教育是衝突。矛盾無處不在，但它本身不是問題，問題在於你有沒有能力堅定自己的選擇。

如果討好型人格的人能夠堅定地「自私自利」，或者堅定地無私付出，都不

會感到內心的痛苦。問題是你既想滿足自己的需要，又想維持大公無私的形象；既不想遭受損失，又想表現得慷慨大方。這也是很多討好型的人都有「選擇困難症」的原因。

也許是因為你搞不清自己想要的到底是什麼，也許是因為過於貪心，魚與熊掌想要兼得，也許只是你不願意承擔選擇之後的責任。不論原因是什麼，人生必定要有所取捨，並接納取捨之下的現實。一個人不能既自私又無私，就好像不能一邊想要看破紅塵另一邊又放不下紅塵情緣一樣。

所以，請弄清楚你的價值觀到底是什麼，並且勇敢地為此承擔責任。哪怕你選擇了「自私自利」，你也可以勇敢地對別人說：**「我就是要優先滿足自己的需要，這是我的選擇，至於你喜不喜歡這樣的我，我也顧不得那麼多了。」**

這個世界本身就是充滿衝突的，但是只要我們的內心足夠強大，擁有做出獨立判斷並且選擇的能力，能夠為自己的價值觀承擔責任，那就沒有什麼可以困住

你了。

方法3：「無情」拒絕，做個「狠人」

市面上有很多書和影片在教大家如何拒絕別人。比如「拖延大法」，當別人向你提要求而你又不好直接拒絕的時候，你就可以使用拖延戰略，表面上答應說「沒問題呀」，心裡卻在估算對方的任務要什麼時候完成。如果你預估對方的任務要今天完成，就告訴他：「不過，我今天很忙，要明天才能幫你。」如果你估算對方的事情需要這週完成，就告訴他：「不過，我這週很忙，下週才能幫你。」

再比如「萬能理由」，既然拒絕別人很困難，就提前為自己準備幾個萬能的拒絕別人的理由。面對下班後出去應酬的要求，我們可以準備一個萬能理由，「哎呀，不行呀，我先生看我看得很緊，我一晚回家他就發飆。」面對同事幫忙工作的請求，再準備一個萬能的理由，「哎呀，不行呀，我的某某工作還沒做完。」多練習幾遍，讓它變成你的自動反應模式。

這些方法對於不能拒絕別人的討好者也許有一定的幫助，你可以適當地在生活中嘗試。但是根據我的經驗，這些所謂的「拒絕技巧」只能在很少的情況下幫助你應付局面，卻沒能一針見血地幫助討好者克服最核心的困難。

你之所以不能拒絕別人，不是因為自己社會經驗不豐富、社交技巧不足，找不到拒絕別人的理由，**而是因為你就是有「樂於助人從而被愛」的內心需要，卻又無法平衡自己人性裡的「自私自利」**。別人越是教你找理由、越是教你拖延別人，你內心的衝突就越嚴重，感受到的痛苦就越強烈。所以，為了真正擺脫討好型人格的困擾，勇敢地拒絕別人，你需要學習的不是技巧，而是「無情」地拒絕。

「我現在無法幫你，很抱歉」、**「我不想這樣做」**、**「我不願意，真不好意思」**，就這麼簡單。要知道，你越是找理由，你的底氣就越是不足，你的底氣越是不足，對方就越容易透過對你發脾氣、讓你內疚、執著央求的方式逼你就範。而對方越是這樣，你就越是害怕，拒絕再次失敗。與之相反，「我不想」、「我不願意」，並不需要理由。用這樣的方式你就擺出了拒絕討好的「無情」架式，不僅別人會因為你的堅定態度而不再糾纏你，你自己也會因此感到擁有力量。**不是我現在有空就一定要幫你，更不是這個東西我不用就一定要借給你，千萬不要綁架自己。**

在直接拒絕別人的方法之下，你還可以加一些可愛的小步驟。比如，與對方進行共情或者給對方一些解決問題的方法。在你「無情」拒絕同事幫忙工作的要求之後，你可以共情一下，說：「工作做不完了，你最近的壓力一定很大吧？太辛苦了。」這會讓對方感到情感上的接納與支持。或者給他一些解決問題的頭緒，「我知道有一個網站可以解決你的問題，你可以去看看。」畢竟授人以魚不如授人以漁。透過這樣的方式，你和對方的關係可能比你直接幫助他增進得還要迅速也說不定。

除了「無情」之外，拒絕這件事從來沒有捷徑可以走。但不要擔心，人們愛的從來不是事事點頭的「軟柿子」，而是內心強大，能拒絕別人也能幫助別人、能愛自己也能愛別人的「狠人」。

學習筆記

✸ 核心討好型問題：拒絕別人就心慌。

✸ 這是因為——

➤「別人很脆弱」的預期：我一拒絕，別人就會生氣；

➤「我很脆弱」的預期：別人一生氣，我就受不了；

➤「關係很脆弱」的預期：稍有不順從，關係就完了。

✸ 直接後果：疲於應對所有人的需要。

✸ 這意味著你需要——

➤ 療癒內在的小孩。傾聽內心的聲音，辨識不合理的信念，用更加成熟的方式滿足自己對於愛和安全的需要。

◆ 懂得取捨。先搞清楚自己的價值觀，勇敢地承擔責任，在矛盾中堅定地選擇。

學習拒絕的技巧。找到適合自己的拒絕方式，不為「拒絕」找理由，愛別人更愛自己。

第二章

CHAPTER.02

無條件地附和別人，是一種本能

心悅是一名二十八歲的上班族，喜歡讀書、善於思考。平心而論，她是個很有深度的女孩子，但是這些年來一直有一個說大不大、說小不小的問題困擾著她，那就是很難說出自己的真實想法。

明明渴望下班後能回家泡個熱水澡、看看書，悠閒度過安寧的夜晚，但是當同事邀請她一起去逛街、唱歌的時候，她就是無法告訴對方自己其實很想安靜地一個人待著，這才是自己真正享受和想做的事情。最終說出口的，只有對同事邀請「好呀好呀」的附和。

和家人、朋友出去吃飯，明明心裡很想試試那一道清甜的桂花糖藕，但是當別人問她「來一份酸辣刺激的酸菜魚如何」的時候，心悅總是說：「好呀，你來點就好了，我什麼都吃的。」

在工作上心悅也有非常多自己的想法，但從來沒提出過，總是老闆叫她做什麼她就做什麼，讓她怎麼做她就怎麼做。「好、好、好」、「行、行、行」，從不提出異議。

一方面，心悅總是告訴自己：「不能表達真實想法，自己也沒遭受什麼損失呀。」和同事下班後出去逛街，頂多就是一週一、兩次的事情，維繫和同事的友好關係，也是應該做的事情，忍一忍就過去了；喜歡吃桂花糖藕，下次自己一個人的時候去吃就好了，大家在一起就是要相互遷就嘛；老闆的職能就是指揮工作，自己的想法說出來也不一定被採納，何必浪費時間呢？好好完成自己的工作就好了。

另一方面，心悅又隱隱覺得哪裡不太舒服，經常覺得壓抑，身邊沒有值得信賴的朋友，偶爾會莫名體驗到憤怒、羞恥、恐懼的感受。總而言之，就是一種被困住、活得很不順暢的感覺。這是怎麼回事呢？左思右想，她也沒能將這份心靈的痛苦與「無條件地附和別人」這件事情聯繫起來。

關鍵字 壓抑自我

「無條件附和別人」的本質是一種對自我的壓抑。你有自己的喜好、觀點，卻因為種種原因從不說出口，這是你對自己主見的壓抑。你生來喜歡安靜，卻為了「合群」而積極地社交，這是你對自己個性的壓抑。你完全有能力光芒四射地展示自己，卻選擇了沒沒無聞，這是你對自己鋒芒的壓抑。

生命的本能是向外拓展，只要你看過種子如何發芽就會明白這個道理。而無條件附和這一討好型人格的表現，就好像千斤大石壓在想要舒展自我的種子之上，壓在討好者的胸口，讓你毫無喘息的餘地。

被壓抑的主見：有自己的想法，很危險

人的行為總是遵照著「趨利避害」的原則，「無條件附和別人」這一行為也不例外。你之所以允許它存在，就是因為「無條件地附和」給你帶來了得以避免羞恥、壓力與恐懼的「好處」。

迴避羞恥感

只要一個人表達自己，就必然要面對他人否定自己提議、不滿足自己需要的可能性。比如，只要心悅說：「我想吃桂花糖藕。」別人就可能拒絕她說：「桂花糖藕有什麼好吃的，甜得掉牙。」只要心悅說：「對這個工作，我有一個更有效率的思路。」老闆就可能在聽過她的想法後說：「妳的想法太幼稚了，做好自

己的工作吧，年輕人還是需要歷練，少說話、多做事！」這樣的回應雖然只是一種可能性，但是卻可以帶給你巨大的羞恥感。**為了迴避這份羞恥感，最簡單的辦法就是不說出自己的想法，無條件地附和別人。**

你不希望感到羞恥的願望很好，如果絕大多數人都按照你想像的這般回應，無條件附和也算是一種不錯的應對方式。但現實是，只有很少一部分人會給出令你羞恥的回應，而你卻認為每個人都會這樣做，並在面對所有人的時候都採取了這種策略。

這種預期主要來自你舊有的「客體經驗」，也就是你生命早期與父母或主要撫養者的相處經歷。**討好者往往擁有這樣一類「有毒」的父母，他們對於孩子的想法與需要總是抱持一種粗暴的否定態度。**孩子說：「我想要買史萊姆。」「有毒」的父母就借題發揮說：「史萊姆！史萊姆！你看看你錯字連篇的作文，還好意思要史萊姆？」孩子說：「電視上說吃味精有害健康，我們家的菜裡面不應該放這個。」「有毒」的父母就會極盡挖苦地說：「你又懂了？你都吃了十二年放味精的菜了，還讓你受委屈了？不放味精怎麼做菜，你倒是很講究，你怎麼不上天呢？」孩子只是想要史萊姆，只是想要分享自己剛剛獲知的一種飲食理念，收到的卻是父母的挖苦與諷刺，是「我比你高明」的強烈暗示，感受到的是極大的羞恥感。這種經驗會一直留存在人的心中，並讓你本能地成為一個從不表達自己、無條件附和別人的討好者。

而討好者的孩子往往也不願與討好者溝通，也是這種客體關係的延續。童年時你從父母那裡學到的是如何極盡所能地否定孩子的看法與需要，長大後很自然地你就會在自己孩子身上學以致用，你的孩子也將成為下一個「沉默」的討好者，未被療癒的傷痛會在一代一代人中傳遞。如果你讀到了這裡，那麼就將下一個翻書的動作當作我和你的握手禮吧，「謝謝你下定決心，讓討好型人格的痛苦在你這裡終止。**當你療癒了自己，就是療癒了你的整個家族。**」

緩解壓力感

我們表達自己的意願，就意味著要對自己說的話負責。如果你在工作上表達了自己的主見，就意味著你必須有能力把它做出來，而且效果還要好。如果你在聚會中說出自己想吃什麼的意願，就要承擔這道菜不好吃的風險。

這在無形中增加了討好者內心的壓力。當你不發表自己的意見又沒有將工作做好的時候，還可以責怪別人的工作安排有問題；當你沒有參與點菜而吃得不合口味的時候，還可以責怪別人點菜品味差。**而如果你表達了自己，就再也無法讓別人承擔責任了。**

這種行為模式雖然在某種意義上緩解了討好型的人的壓力感，讓你得以暫時逃避責任，但是這卻在現實中創造了巨大的困難。雖然在點餐時無條件地附和別人，可以讓你在飯菜不可口的時候責怪別人而不是自己，但是別人點的菜怎麼可能比自己點的更合口味呢？雖然在人生的重大選擇裡無條件地附和父母的建議，可以在生活不如意的時候埋怨父母，但是別人為自己選的人生，怎麼可能像自己選的那樣讓自己充滿熱情呢？雖然從不主動展現自己，可以讓你免受「展示了自己還是無人賞識」的失落感，但是你也喪失了一次又一次讓生活變好的機會呀。

托爾斯泰說：「一個人若是沒有熱情，他將一事無成，而熱情的基礎正是責任心。」**當你透過不負責任來緩解壓力感的時候，熱情、成就這些美好的東西就與你漸行漸遠。**

不想為自己生活負責任的那個小孩子，是時候開始成長了！

拒絕恐懼感

對很多討好型的人來說，表達自己而不是附和別人意味著對別人的攻擊。和朋友一起吃飯，兩個人正常點三個菜，如果你主動點了一個，就意味著對方不得不少嘗試一個自己喜歡的菜式，你隱隱地覺得這損害了對方的利益。父母認為「這個世界很危險，需要時刻防範別人」，你卻認為「這個世界很美好，絕大多數人都是善良的」，儘管如此但要把它說出來，你就會莫名覺得不妥，這不是故意唱反調嗎？**訴求不同、意見不同都是矛盾，矛盾就是衝突，衝突令我恐懼，我處理不好，千萬要避免。**

被壓抑的個性：與他人一致，才安全

壓抑自己的主見雖然令你不舒服，但是這絕不是造成你心靈痛苦的最重要原因。所謂「我的願望」、「我的看法」，大多是一些已經存在於你意識層面的東西，而壓抑意識層面的想法是每個社會功能正常的人都具有的能力。例如，你可能雖然會在心裡罵自己的老闆，但是為了保住自己的「飯碗」，你從來沒有真的把這些話說出口。你雖然很喜歡一個異性，但是人家已經明確表示不喜歡你，於是你就壓抑了自己的愛意，不給對方造成困擾。壓抑意識層面的願望與想法是每個人都會做的事情，只是討好型的人做得過度了一些而已。所以，**壓抑主見給你帶來的最多是「痛苦」而不是「傷害」，真正讓你遍體鱗傷的是你對自己個性的壓抑。**

別看，我的本質很醜

一個人之所以無條件地附和別人，看起來是對自身想法與願望的壓抑，但本質上是對自己的不接納。

心悅在面對同事下班後逛街的邀請時，不能說出「我更想回家一個人看書」

的願望的情況，就是一個很好的例子。你下班後想要回家一個人待著這件事，實在損害不到別人的利益，但你就是說不出口，根本原因在於你覺得自己不愛社交的個性是壞的。「社交是一個人重要的工作能力」、「內向的人在哪裡都是吃不開的」、「不出去和同事應酬，你怎麼能擁有朋友」、「你必須變得外向」，當你想要說出自己的需要時，腦袋裡閃過的都是這樣的自我告誡。

你的個性是內向不愛社交的，卻希望自己外向活潑、社交能力超群，這意味著「我沒擁有的個性是好的，而我擁有的個性是壞的」。**既然我是壞的，我當然要透過附和別人將真實的自我隱藏起來，以免被別人看到真實而醜陋的我。**

但這是一種自我傷害力極強的生活方式。你本身是一朵美麗的花，默默地開放就很好了，卻非要讓自己變成一個千斤頂，將卡車支撐起來，你不粉身碎骨才奇怪。

我是誰？我很迷茫

當一個人秉持著「我的本質很壞」信念的時候，事情已經很糟糕了。然而更糟糕的是「我連自己的本質是什麼都搞不清楚」。

現代生活方式為每個人奠定了一種「弄不清自己是誰」的自我認識基調。你可以去想像一下，如果你活在慢生活的五百年前，準備去買一壺桂花酒，當你走進店舖的時候，老闆一定會仔仔細細地打量你，將你作為一個「人」來看待。如果你手上戴了一只金鐲子，老闆就會為你推薦陳年佳釀，如果你的衣服上滿是補丁，老闆則會建議你購買本地農民自己釀造的酒。同時，他還會盡自己所能地令你滿意，揣摩你的心情，顧及你的面子，儘管這一切都是為了讓他自己的生意興隆。但現在，當你準備去買一壺桂花酒，走進燈火通明的超市，看著琳琅滿目的商品，好像一切都很美好，但是本質上你對於商場所有者來說，可能只是年末工作報告上數以萬計的「顧客」之一，對於商場的工作人員來說，你只是他們服務的一個「對象」而已。**每個人都只是一個標準化的小齒輪，焦慮、懷疑、不安。沒有人看到你是誰，因為沒有人在乎。你也不知道自己是誰，因為沒有人看到！**

不過，從另一個角度來看，如果你活在五百年前，你的父親是農民，那你生來就是個農民；你的父親是木匠，那你生來就是個木匠，從你懂事起你就清楚地知道自己是誰。然而當你活在現代，「只要你努力奮鬥，就可以成為任何人」的理念根植於每個人的內心，事情就發生了變化。你可以是任何人，也意味著你不是任何人。

在現代生活造成的這份關於「我是誰」的迷茫之下，與他人保持一致變成了一種迫切的需要。你不再尋找自己，而是透過無條件的附和變成了集體的一分子。**我雖然不知道自己是誰，但是只要我能夠和別人一樣，就可以感到安全，**「人多力量大、法不責眾」，這就是「從眾行為」的基本邏輯。

然而，你越是透過與他人一致的方式追求安全，就越容易迷失自己；而越是迷失自己，你就越是希望與他人保持一致從而感到安全，最終陷入惡性循環。在別人的意志裡活了一輩子，自己都沒找到，還有什麼比這更失敗的人生嗎？

被壓抑的鋒芒：沒有稜角，是為了更好地得到愛

在你壓抑了自己的主見甚至個性之後，很自然地你已經沒有鋒芒可以展露了。但是沒關係，因為這正合你的心意。

被看見很危險

對於討好型的人來說，展現鋒芒是一件令你提心吊膽的事情。你一想到要在

工作中表現特別突出，就會莫名心慌，「同事們會不會因此而疏遠我？老闆會不會覺得我不服從管理、喧賓奪主？」你一想到要在人群中發表自己獨特的觀點，就會莫名恐懼，別人會不會在內心尖酸刻薄地說：「就好像你真的很高明一樣！」**總而言之，你在害怕別人的嫉妒。**

「害怕別人嫉妒自己」往往是「我嫉妒別人」的內心投射，正是因為你在內心狠狠地嫉妒著身邊的人，才會推己及人地認為別人的內心也是充滿嫉妒的。然而，很多討好型的人為什麼會內心充滿嫉妒呢？

這並不難理解，在討好型的人看來，別人都能如此順暢地表達自己的需要與觀點、展示自己獨一無二的個性，活得輕鬆而自由。而自己呢？卻懷揣著「我是壞的、我的需要不會被滿足、我的觀點不會被贊同」的基本信念，活得小心翼翼又內心壓抑，甚至失去了自己。

討好型的人將內心的痛苦投射了出去，產生了「別人會嫉妒自己」的猜想，從而更加收緊了自己的鋒芒，以免被嫉妒之火灼傷，**卻沒有發現嫉妒之火燃燒的地方不在別處，而是在被自己壓抑了的內心深處。**

每個人都愛「乖孩子」

曾作為一名合格的「討好型人格者」的我，也堅信過「乖」是獲得愛的唯一方式。幾年前我和父親聊天，他充滿自豪地告訴我：「妳小的時候，非常聽話，大人說一次不許做的事情，妳從來不會做第二次。」我一邊看著父親充滿安慰的笑容，一邊想，為了看見他這種滿意的表情，我從小到大到底都給自己建立了一些什麼信念。

例如，「順從父母，他們才會高興。」「附和他們的意見，他們才會笑。」「做個乖孩子，他們才會溫柔地看著我。」「聽話，才能獲得愛。」

在這些信念的指導下，我努力磨平自己的稜角，做個無條件附和的「乖孩子」。然而，我真的獲得愛了嗎？答案是沒有。不是父母沒有給我愛，而是我深深地知道，他們愛的不是真正的「我」，而是那個「乖孩子」。

壓抑的苦果：討好了很多人，卻沒有充滿愛的關係

當你壓抑了自己的主見、個性與鋒芒，只為了獲得那麼一點點扭曲的安全感、輕鬆感與愛的時候，你損失的卻是與他人之間充滿愛的關係。

沒機會被愛的「真我」

你無條件地附和討好別人就意味著你將「真我」隱藏了起來，而以虛假的面

具示人。

我認識一個女孩，人稱「派對公主」。她給人的印象是，非常熱衷於籌備和參加聚會，並且在各類派對上表現活躍，是活絡氣氛的主力，以至於不論是誰主辦聚會都絕不會忘記邀請她。

然而，有一次「派對公主」告訴我，她其實非常討厭人多的場合。「每次聚會結束後我都覺得非常疲憊，那種感覺就好像剛剛打完一場硬仗一樣。但我必須這樣做，就是因為我是『派對公主』，大家才喜歡我嘛。」

你將自以為「醜陋」的本性隱藏起來，用自以為「理想」的自我形象與別人打交道。這個時候有兩種可能，第一種，別人並不喜歡你展現出來的假我，於是你有機會回歸本性；第二種，別人很喜歡你展現出來的假我，於是你就戴著這個面具開始了往後的生活。

第一種情況出現的可能性是非常小的，因為生活裡不存在絕對正確的個性、一定討人喜歡的性格，所以不論你展現怎樣的個性，都會有人喜歡。**因此從你決定嘗試用假我示人的那一刻起，你走上的就是一條不歸路**。物以類聚、人以群分，只要你努力展現自己熱愛社交的個性，就會吸引那些本不該被你吸引的愛熱鬧的人。然後，你會越來越騎虎難下，越來越不敢展現真我，因為你的「虛偽」已經讓自己身邊再也沒有了可以欣賞你本性的朋友。

當第二種情況必然出現的時候，你將永遠無法獲得令自己滿意的愛。**讚美、喜愛都是你因展現給別人的假我獲得的，而從未與他人真正相處過的真我是沒有機會擁有的**。一種將你當作「別人」來欣賞的愛，又怎麼可能令你滿意呢？如果在一段關係裡你根本體會不到被愛，它又怎麼可能深刻而持久呢？

恨未平，如何愛

當你用「假我」與他人建立關係的時候，還意味著這樣一個事實，就是你無法在和對方的相處中自然地獲得樂趣。如果你是一個喜歡安靜的人，並用真我吸引到了同樣喜歡安靜的朋友，那麼你們就可以擁有下班之後各回各家、各看各書，偶爾交流一下讀後感的友誼模式，結果是你舒服、對方舒服、關係舒服。而如果你是一個喜歡安靜的人，卻用愛社交、愛熱鬧的假我吸引到了「一個人待著就難受」的朋友，那麼你們能夠擁有的就只能是你為了迎合他的需要而自己痛苦，或者你為了滿足自己的需要而令他難受的、充滿了矛盾的友誼模式，結果是你難受、對方難受、關係難受。**在這段關係裡，不是你難受地迎合對方，就是你愧疚地自我滿足，你恨自己、恨對方都來不及，哪裡還有愛流淌的空間呢？你都無法發自內心地愛別人，要怎麼才能擁有高品質的充滿愛意的關係呢？**

尼采說：「對待生命不妨大膽、冒險一點，因為早晚你都要失去它。生活中最難的階段不是沒有人懂你，而是你不懂你自己。」是呀，不妨大膽一點，活出真我不是「叛逆的高調」，而是每個人都必須回歸的最樸素的人生態度。

你最真實的自己，應該被看見

討好型的人之所以總是無條件地附和別人，總結起來原因無非兩點。第一，**覺得表達真實的自己會妨礙到別人；第二，自我形象不穩固，自卑而無法接納真實的自己。**所以如何在不妨礙別人的情況下表達自己，建立穩固的自我形象從而自我接納，成了最為棘手的兩件事情。

方法1：可以很溫柔地「不贊同」

你總認為當你不附和別人而表達自己觀點的時候，情景一定是這樣的：

朋友找妳抱怨同事總是用她的東西，說這個同事愛占人小便宜、做人沒有底線、不懂人情世故。妳不贊同她的評價，於是說：「妳覺得同事總是借妳的計算機用就是占妳的便宜？我看是妳太小心眼了吧！這有什麼呀，我就不在乎。」於是，話不投機半句多，友誼的小船說翻就翻。

妳的婆婆告訴妳，孩子不應該這麼小就上托兒所，老師怎麼會像家人照顧得這麼好呢！妳不贊同她的觀點，於是說：「不送去托兒所，妳照顧嗎？站著說話不腰疼！」於是一場家庭大戰就此拉開序幕。

如果你不贊同對方的觀點，又不想違背自己的心願而附和對方的時候，只有嚴厲批評對方這一條路可以走的話，當個討好者的確是一個不錯的選擇。**然而，這不是一道非此即彼的是非題，你還可以選擇溫和地表達你的不贊同，忽略對方的觀點，附和對方的情緒！**

例如，「同事總是用妳的東西，這讓妳很不舒服吧？」「妳擔心托兒所照顧得不夠好，讓孩子受委屈，是嗎？」既然妳不贊同別人「總是用我的計算機而不自己買的人就是壞蛋」、「孩子應該再大一點才能送去托兒所」的觀點，那就忽略它。觀點這種東西就是一個想法而已，有的人認為榴槤是香的，有的人認為榴槤是臭的，還有的人之前覺得臭現在覺得香，有什麼爭執的必要呢？但是你也實在沒有必要附和對方，明明覺得榴槤「難吃到爆炸」，嘴上卻說「好吃好吃」，甚至為了讓別人信以為真還努力地咬上一口。

不論對方的觀點多麼不可靠，有一些東西是不可否認的，那就是情緒。別人總是用朋友的東西，朋友就是不滿。婆婆就是受不了孩子受一點委屈，一想到這件事她就難過。不滿、難過，這些感受都是真實的，妳能不允許對方不滿，還是能不允許對方難過呢？這就有點不講道理了。所以，在忽略對方觀點的情況下，看見並附和對方的情緒。

透過這樣的表達方式，你不僅從討好型人格的問題中走了出來，不必委屈自己附和別人，同時你也會擁有良好的界線感，將對方的情緒還給對方。更棒的是，你還會與身邊的人建立起更加親密的關係，因為沒有人可以抗拒情緒被看見的這份被愛的感覺。

方法2：表達情緒，而不是帶著情緒去表達

當你有一些需要無法說出口的時候，道理也是一樣的。你總認為當你說出自己的需要時，情況是這樣的：

同事邀請你下班一起逛街看電影，但是你更想回家一個人看看書、泡個澡。於是你說：「我不想去，下班逛街有什麼意思呀？浪費時間。」同事聽了很不高興地說：「逛街浪費時間，做什麼不浪費時間呀？你不想和我一起去就直說！」

老闆交給你幾件工作，希望你同時進行，但是你實在不擅長一心多用，想要一件一件來。於是你說：「有這樣安排工作的嗎？我一個人能同時做那麼多事情嗎？你也太強人所難了。」老闆聽了很生氣地說：「誰不是手上有很多工作，怎

麼就你工作能力這麼差？」

當你認為一表達自己的願望，事情就會向失控的方向發展時，自然不敢表達自己的需要，畢竟工作是重要的，友誼是不可或缺的。但事實真的必然如此發展嗎？顯然不是。**你的需要可以被溫柔地表達，不做判斷，而是表達情緒。**

例如，「親愛的，回家看看書、泡個澡會令我更放鬆。」「老闆，我能一件事一件事地去完成嗎？這會令我做起事情來更有效率，結果也會更好。」你不需要做「下班逛街是壞的，下班後充實自己是對的」、「同時安排很多工作是強人所難的」判斷，你只需要告訴別人你希望能用自己的方式讓自己更舒服一些的願望，誰能拒絕這種需要呢？

讓自己更舒服，是一件與他人無關的事情，沒有人會受傷，更沒有人會因此遭受損失，任何善良的人都會因為滿足了你的要求而感覺更好。同時，你教會了身邊的人什麼是你喜歡的，什麼是你不喜歡的。同事會開始明白自己需要找其他人作為下班後逛街的夥伴，而用其他方式與你保持友誼；老闆會開始明白你是一個不善於一心多用的人，從而更願意委派給你一些耗時長但不繁雜的工作，畢竟知人善用是他的職責嘛。生活會因為你的表達，莫名地順暢起來。

上述的兩種方式可以充分幫助你化解「表達真實的自己會妨礙到別人」的不合理信念，然而這是遠遠不夠的。只要你的自我形象還不穩固，你就勢必會透過附和別人與他人保持一致，獲得安全感。只要你還不能接納自己，就必然會將真我隱藏起來，給自己的生活造成種種困難。所以，以下兩種方法的主要目的就是穩固你的自我形象，實現自我接納。

方法3：「從心」發現自我

「我是誰」是個很大的哲學問題，哲學家們思考了幾個世紀也沒能找到答案。所以想要建立一個絕對穩固的自我形象是不可能的，也沒有必要。作為一個普通人，你只需要建立起一個相對穩固的自我形象就可以了。

什麼是穩固的自我呢？就是你最難失去的那一部分，發現並將它作為你最珍貴的東西。舉一個例子，如果你認為職稱是你、車子是你、房子是你，覺得這是生命中最重要的東西，那麼你的自我形象一定很不穩固，因為它們是很容易失去的。而如果你認為身體是你、性格是你、感受是你、記憶是你，那麼你的自我形象就會更穩固，儘管我們總有一天會失去身體與感受。不知生，焉知死，作為一個普通人能將活著的事情想明白已經稱得上大智慧了。

然而，到底要怎麼做才能將自己的注意力從讓人迷失的外在，轉回到內在的生命本質上呢？你可以透過簡單的冥想來實現它。

例如，每天用五分鐘，感受自己的身體。從頭到腳地想並感受身體的各個部位，頭、臉、眉毛、眼皮、眼球、鼻子、嘴、舌頭、牙齒、手臂、大腿、膝蓋……

每想到一個身體部位，就將注意力放在這個部位十到二十秒，仔細地感受，你就會發現自己有多久沒有體會過自己神聖的身體了。眼球有些發乾、發澀的感覺，舌尖殘留剛剛吃過的西瓜的味道，腳踩在大地上如此踏實的體驗。你越是去感受，就越會有一種很穩固的自我感，因為不論什麼時候，只要你需要，身體都會穩穩地在這裡陪著你，它不會消失，不會改變，永遠是你最重要的一部分。

你也可以用十到二十分鐘，好好地體驗一下這個世界。下雨的時候，聽一聽雨打在手上是什麼聲音，聞一聞空氣裡的味道是怎樣的，看一看樹是如何在風中搖擺的，鳥兒是如何匆匆飛過的，感受一下風吹過身體時是寒冷還是愜意。吃飯的時候，看一看番茄美麗的色澤，聽一聽咀嚼黃瓜和咀嚼米飯的聲音有什麼不同，感受一下筷子的質感，聞一聞飯菜的香氣。你越是練習，就越會明白，**這個世界是因為你的主動體驗而豐富多彩的**。你不需要與誰一致，只需要簡單地存在，就可以體驗到足夠的喜悅。

方法4：自我接納，只需三步

很多人誤以為自我接納就是心裡明明知道自己不行，但還是要告訴自己「你可以，你最棒了」。這不是自我接納，反而是對自己最大的不接納。你明明在公司業績考核中排了倒數第一，卻告訴自己：「你的工作能力是非常強的。」這是透過自欺欺人的方式，避免看到自己「不行」的真實。

真正的自我接納是：第一，勇敢地承認你的現實；第二，發現這份現實下的優勢；第三，向著自己想要的方向努力。

例如，你在公司業績考核中排名倒數第一，既成事實，接受它，我現在就是工作能力不足。然後去想一想業績考核倒數第一有沒有什麼優勢呢？當然有了，排名第一的人一定怕保不住自己的名次，但是你沒有這麼大的心理壓力，因為沒有人會和你搶這個名次。接下來去想一想，我可以做些什麼提升自己的工作能力呢？比如，考研究所、上補習班、向有經驗的人請教。最終你會發現，「工作能力差」的你一樣可以很出色。

再例如，我的性格很內向，無法像別人那樣快速與他人打成一片。接納它，我就是內向的性格，天生如此，我不想也沒有辦法變成一個外向者，就像蘋果再努力也變不成鳳梨一樣。然後去想一想內向有什麼優勢呢？當然有了，我善於傾聽、擅長思考，這都是內向者的優勢。接下來，我可以做些什麼發揮自己的內向優勢呢？比如，盡量與朋友一對一地會面，進行深度交流，而不是盲目地參加多人的熱鬧聚會。選擇可以「將一件事做到極致」的工作，而不是需要與很多人打交道的差事。你會慢慢地發現，自己擁有了越來越多高品質的友誼、越來越精進的工作狀態，這不是比需要不斷應酬才能保持的關係、換成誰都可以做的工作更令人愉快而滿足的事情嗎？

學習筆記

✸ 核心討好型問題：無條件附和別人。

✸ 主要表現形式：不表達主見、壓抑個性、避免嶄露鋒芒。

✸ 這是因為——

▶ 迴避被拒絕的羞恥感、承擔責任的壓力感和面對衝突的恐懼感；

▶ 對真實自我的不接納以及「我是誰」的迷茫；

▶ 對於嫉妒的恐懼以及「乖才會被愛」的不合理信念。

✸ 直接後果：討好了很多人，卻沒有充滿愛的關係。

✸ 這意味著你需要——

▶ 讓別人看到真實的你。不再附和他人的觀點，而是溫柔地接納他人的情緒。勇敢地表達自己的需要與觀點，溫柔而堅定。

- 看到真實的自己。透過冥想，將注意力從金錢、地位等外在的東西，轉移到身體、感受等更加穩固的自我本質上，建立穩固的自我形象。
- 接納真實的自己。勇敢地承認關於自己的事實，發現這份現實下的優勢，並向著自己想要的方向努力前進，在自我接納下為自己創造更加美好的現實。

第三章

CHAPTER.03

讓我提要求，不如「殺」了我

夢涵是一名研究生，溫柔善良、樂於助人，和寢室裡室友的關係都不錯。有一天晚上，夢涵突然發了高燒，渾身發冷，迷迷糊糊。她真的很需要有一個人能夠去幫她買一些退燒藥，可是當她強撐著坐起來的時候，發現寢室裡每個人都已經睡著了，甚至有人已經發出微微的鼻鼾聲。「大家都睡得正熟，該叫誰起來幫我呢？」夢涵有些猶豫，思來想去放棄了這個念頭。「沒關係，忍一忍就過去了，誰還沒發過燒，不要小題大做！」她這樣告訴自己。

第二天早上，夢涵燒得更嚴重了，渾身痠痛得厲害，她知道自己必須去醫院看看了。「我真的好難受，渾身無力，有沒有人能陪我一起去呢？這樣我就不會那麼害怕了。可是，早上還有課，陪我去醫院的話，她們就要請假了！對，我還沒有請假，要列印假單，找老師簽字，可是這麼早只有很遠的那家影印店開門，如果我讓她們幫我請假，她們一定會覺得很麻煩，她們還可能遲到。算了，我自己來吧。」

於是夢涵發著四十度的高燒，自己去影印店弄好了假單，又自己搭車去了學校附近的醫院。醫生說，她得了肺炎，需要住院治療。

當夢涵躺在病床上，看著點滴一滴一滴流進自己身體的時候，不知為什麼，她忍不住哭了起來。「我好想打電話給媽媽，要她來陪陪我，可是……她要從老家坐十幾個小時的車，還不得不耽擱好幾天的工作。況且上次打電話的時候她說最近奶奶身體不好，她一直在照顧，她要是來了奶奶該怎麼辦呢？」

關鍵字 既自卑又自戀

沒辦法向別人提要求，其實是既自卑又自戀的內心衝突表現。一方面，夢涵有著深深的自卑感，「別人的睡眠不被打擾是比我退燒更重要的事情」、「別人上課不遲到是比我身體舒適更重要的事情」、「奶奶被照顧是比我被照顧更重要的事情」，正是這些「別人很重要，而我無關緊要」的判斷讓夢涵做出了凡事靠自己的決定。另一方面，夢涵有著深深的自戀，「我不需要靠別人，去醫院看病、列印假單，我自己都能做到」，似乎一開口求別人，就會讓她的全能自戀感破碎一樣。

不能被打破的自戀：沒辦法接受別人說不

「自戀」這個詞你一定聽過，經常被用來形容過度自信、驕傲自大、以自我為中心的那類人。這和討好型人格有什麼關係呢？

全能的我不該被拒絕

其實，「自戀」不止一種表現形式。這個心理學概念源於英俊少年納西索斯愛上自己水中的倒影而無法自拔的希臘神話，故事中的少年因為無法得到自己的倒影抑鬱而終，最終變成了一朵水仙花。**自戀指的不只是孤芳自賞的狀態，還是一種「我一動念頭，和我渾然一體的世界（媽媽或者主要撫養者）就會按照我的意願來運轉」的嬰兒般原始的執念，是一種自己無所不能的錯覺。**

在這種錯覺下，有的人顯得非常自大，認為全世界的人都應該聽他的。也有的人常會討好別人，無法提出要求，因為提要求等於是在現實中檢驗自己「無所不能」的執念，而這種執念顯然是承受不了現實檢驗的。

討好型的人往往會認為：自己無法向別人提要求，是為他人著想、不給別人添麻煩的表現，卻忽略了內心因為他人可能拒絕而產生的羞恥與恐懼。向別人提要求首先意味著「依賴」，也就是我的的確確有一些事情做不到，需要他人幫助的事實。**這會讓討好者感受到第一層的「自戀受損」，畢竟無所不能的人是不需要別人幫助的。**接下來，討好者還會產生被他人拒絕的想像，直接的拒絕或者不情不願的幫助都會讓你感到非常難為情甚至憤怒，因為這會徹底粉碎你的自戀感，**「世界不是圍著我轉的，我受不了這份屈辱」**。這就好像一個小孩子因為總是打不開抽屜而大發脾氣並拒絕繼續嘗試一樣，你努力用不提要求的討好行為掩蓋著這份不能控制每個人為你服務的挫敗感和羞恥感。

不可言說的自戀

自戀是一種很原始的心理狀態，甚至常常被說成是一種「巨嬰」的表現，是很難被社會生活接納的一部分。你敢告訴別人，你希望所有人都能圍著你轉、無條件地為你服務嗎？想必只要你敢說出來，別人就會批評你自私自利，並且對你避而遠之。所以，你必須將它小心地隱藏起來，並用一種更容易被接納的方式將其呈現。

不能向別人提要求，看起來是在為別人考慮，本質上卻是一系列關於你自己的問題。「我向他提要求，他會滿足我嗎？」「如果我被拒絕，我將會多麼難堪？」「我麻煩了他人，他會不會不喜歡我？」

不願意麻煩別人，看起來是「別人的需要比我的需要更重要」的自卑感，本質上卻是「我應該比任何人都重要」的基本信念。就好像一個長相普通的女孩子總是為自己的樣貌自卑一樣，看起來是自慚形穢，本質上卻是覺得自己應該長得像電影明星一樣漂亮的自戀感在作怪。

這也是很多討好型的人看不得「別人不如自己」的一個重要原因，當你看到別人受苦而自己舒服、別人犧牲而自己獲利、別人輸而自己贏的時候，你苦苦壓抑的自戀感將得到巨大的滿足。為了壓抑這份不可對人言說的「爽」，你選擇了討好，選擇了讓自己保持一個很低的姿態，甚至透過不向他人提要求讓自己永遠無法得到滿足。

被放大的自卑：一被滿足，我就內疚

說到「自戀」，自卑的問題永遠跑不掉。他們就像一對孿生子，形影不離地出現在每個討好者身上。

就好像每一個「我不夠好」的自卑感裡都隱藏著「我必須完美無瑕」的自戀感一樣，每一個「我是全能的」自戀感都必然要面對「我不完美」的現實，並產生自卑情緒。

我不配被滿足

討好型的人無法向別人提要求，一個重要的原因在於「不配感」。「自戀」讓你覺得自己是無所不能的，但現實中的每一件事情都在告訴你：「你想錯了。」你支配不了別人，控制不了事情是否發生，不確定別人對你要求的反應。在這份落差裡你得出了一個結論：我很差勁。**既然我這麼差勁，怎麼配被滿足呢？**

如果一個人認為自己是公主，她就會覺得錦衣玉食是自己應得的東西。而如果一個人認為自己是一個落魄乞丐，那她就會覺得殘湯剩飯才是自己的生活，你讓她拿著金光閃閃的刀叉吃著從異國他鄉剛剛空運來的新鮮食材，這會令她很不自在。

一樣的道理，**當你認為自己足夠好的時候，你就會勇敢地向別人提要求，因為你覺得被愛、被滿足是你應得的東西。而如果你認為自己是一個感情上的乞丐，你就只會被動地等著別人施捨給你一些善意與幫助，而不是主動地去索要，因為期許自己不該擁有的東西會讓你愧疚難當。**

填不滿的父母

父母不恰當的教育方式也會加深一個人的不配得感。

很多父母秉承著「表揚使人驕傲，驕傲使人退步」的價值觀，並將其不遺餘力地放在了對孩子的教育上。你考了九十九分，開開心心地回家，內心是多麼渴望和父母分享這份成就與喜悅呀。然而，你的爸爸聽到消息後，沒一點高興的樣子，板著臉對你說：「一次考試說明不了什麼，大考才是最重要的，別驕傲！」你的媽媽聽到消息後，也看不出來什麼情緒，一邊做菜一邊說：「不是還有一分沒有得到嗎？分析一下問題出在哪裡了！」你有一點失落，也有一點失望，然後你開始明白，即便自己考了九十九分，仍然不配得到父母的表揚與認可。我永遠是不夠好的，不配得到自己想要的東西。

還有很多父母因為自己內心的衝突而堅信「人一被滿足就會變壞」，以致滿足孩子的要求總令他們心驚膽戰。孩子想要吃炸雞，他們會說：「不行，油炸食品有害健康，你應該多吃青菜。」孩子想吃青菜，他們又會說：「不行，青菜沒有營養，你要多吃肉。」孩子週末想要去同學家玩，他們會說：「不行，你要好好念書，安心在家寫作業。」孩子週末想要在家寫作業，他們又會說：「不行，總是坐著脊椎會變形，為什麼不出去運動一下呢？」反正所有的要求都是壞的，你最好不要提，不然我一定不讓你如願。在這樣的互動模式下，誰還敢輕易將自己「不被允許」的要求提出來呢？

父母的偏心和比較也會造成不配得感。很多在「重男輕女」的家庭氛圍中長大的女孩子，都會有深深的不配得感。奶奶每天早上會給弟弟做早飯，卻沒有我的；爺爺每天會偷偷給弟弟一塊錢，卻不會給我。孩子不會了解這是爺爺奶奶的「有毒思想」所致，只會認為這是因為自己不夠好、自己不配被愛。如果父母經常將你與其他兄弟姐妹或者「別人家的孩子」做對比，也會讓你產生自己不夠好的自卑感，並不敢為不夠好的自己提出任何要求。

這樣的父母就好像一個永遠填不滿的黑洞，你用盡了全身的力氣想要填滿它，獲得想要的愛與認可，以致根本沒有精力顧及自己的需要，更不敢奢望得到滿足。

愛自己≠自私自利

「愛他人是道德的，愛自己是不道德的」，這個思想也會讓你很難對別人提出要求。孔融因為讓梨而被選進國文課本，捨己為人的事蹟總是被不遺餘力地宣揚，似乎愛自己與愛他人是背道而馳的兩件事情。你會覺得向別人提要求是損人利己、道德敗壞的行為。

然而，愛自己和愛別人真是彼此矛盾的嗎？顯然不是的。從邏輯的角度來說，愛別人的最高境界就是愛眾生，而顯然你自己也是眾生中的一個，**如果你連自己都不愛，怎麼談愛別人、愛眾生呢？**

從現實經驗的角度來說，那些為了孩子犧牲一切的母親總會養出「糟糕」的後代，反而是那些懂得愛自己並且愛別人的母親才會撫養出健康而優秀的孩子。

因為「無私」意味著道德的制高點，讓身邊的人不能挑剔、不能埋怨、不能親近，站在這個位置上，你不覺得冷嗎？

所以，請時常告訴自己：我是一個普通人，我不需要用那麼高的道德標準要求自己。如果我有一個梨子，能不能我一半別人一半呢？緊急情況下，我要如何在保護好自己之後，讓更多人得到幫助呢？要記住，**愛自己不是自私自利，而是愛一切的基礎。**

既自卑又自戀：進退兩難的矛盾

現在，你的內心已經充滿了：因為害怕自戀受損而存在的依戀衝突，為了隱藏自戀而自我貶低的痛苦感、「我不配」的自卑感、無法讓別人滿意的無力感、站在道德制高點上的孤獨感。然而一切並沒有到此結束，自卑與自戀不僅會作為痛苦交替影響著你，還水火不容地激烈交戰，給你造成更深的痛苦。

不滿足不行，滿足也不行

對於一般人來說，只有自己的要求沒有被滿足的時候才是痛苦的。你想要吃一顆橘子，別人不給，你會難受，但是這份難受非常簡單。對於討好型的人來說，自己的要求不被滿足的痛苦卻是很複雜的。**別人不滿足你，你痛苦**。需求沒有被滿足的失望，自戀受損的無力，恨自己提了這種傻要求的羞恥全都會出現。**別人滿足你，你更加痛苦**。得到了自己不配擁有的東西的尷尬，因為太久沒被滿足過的慌亂，自認為損害了別人的利益而對自己進行的嚴厲批判，又會一股腦兒地被體會到。可真是「進亦憂退亦憂，然則何時都樂不起來」了。

自卑或者自戀本來都是一條可以走通的道路，別人滿足你或者不滿足你都是一件機率50％的小事，但是當你既自戀又自卑，怕別人不滿足你，更怕別人滿足你的時候，就沒有路可以走了。除了讓自己陷在進退兩難的地獄裡，還能做什麼呢？

不提要求不會讓痛苦消失

在這份進退兩難的痛苦之下，討好型的你選擇了不提要求。在困惑之下，這當然是一個不錯的選擇，但是「不提要求」並不能真正終結你的痛苦。

你之所以不能向別人提要求，根本問題不在於「要求」，而在於「衝突」。所以，**「不提要求」是治標不治本的方法，衝突不解決痛苦仍會隨時捲土重來。**

自卑的你覺得自己不配被滿足，這本身就會讓你感到痛苦。於是你會想像出一個理想的自我來，這個理想的自我是那麼好、無所不能，被所有人愛著、滿足著，與你自戀的部分相互依存，這就是討好者總是喜歡做白日夢的原因。然而，現實會讓你的理想破滅，這很好理解，你希望自己是全能的神，但是現實中你只是一個普通的人。**而當理想的自我形象遭到挑釁的時候，憤怒是一種很正常的反應，這就是即便你不向別人提要求也無法消除的第一重痛苦。接下來，你還會因為憤怒無法表達而產生壓抑的痛苦。**一方面，討好的性格不允許你表達憤怒；另一方面，你的自戀仍然需要別人的讚美來維持，不能得罪他人。更何況，憤怒這種感受本身就是需要壓抑的，你會告訴別人「你沒有把我當神一樣對待，所以我恨你」嗎？顯然是不可能的。

心情就像坐上了雲霄飛車

除了憤怒與壓抑，你的心情還會像坐雲霄飛車一樣忽上忽下。

我們認為，「不以物喜，不以己悲」是一個人處事深遠、心胸開闊的理想狀態，不因為外物的好壞和自己的得失而高興或者沮喪，才能獲得內心的安寧。而討好型的人恰恰相反，**別人表揚了你一句，你就覺得飄飄然，別人批評你一句，你就感覺自己受到了莫大的羞辱**。自己的努力得到了回報就覺得自己什麼都行，做一件事情暫時沒有看到結果就覺得自己什麼都做不成。究其根本，仍然是自卑與自戀的衝突在作怪。

一個人之所以能夠不被外界境遇的好壞所影響，最重要的原因在於他清楚地知道自己是誰。**只有一個人擁有穩定的自我感，才能明白別人說我好並不會讓「我」變得更好，別人罵我壞也並不會讓「我」變糟糕的道理，才能真正做到「舉世譽之而不加勸，舉世非之而不加沮」。而討好者的內心對於「我是誰」是很迷茫的，有的時候是無所不能的神，有的時候是卑微的塵**。所以外在情況的變化會讓你時而印證「自己是神」的結論，時而印證「自己什麼都不是」的結論，從而心情忽起忽落，不得安寧。這就是即便不提要求也無法緩解的第三重痛苦了。

矛盾的苦果：不斷加深的自卑感

如果說自卑與自戀的衝突帶來的憤怒感、壓抑感、不安感仍然屬於一個人的內心世界，並沒有給你的現實生活帶來困擾的話，那就大錯特錯了。「不能向別人提要求」只是這份內心衝突在現實世界中投下的一片小到不能再小的陰影而已，真正的黑暗你尚未察覺。

不給別人愛你的機會

「愛」包含了責任、承諾等一系列複雜的內容，但是回到最本質的行為層面，無非就是兩個人的相互麻煩。親情是我小的時候麻煩你照顧，你老了麻煩我照顧。愛情是你今天送我一束花，我明天給你做一頓早餐。友情是你今天聽我說說煩心事，明天我給你肩膀靠一靠。

然而，當你因為內心的衝突而停止了麻煩別人的這一種行為的時候，就再難感受到別人對你的愛意了。你需要長輩幫你週末帶一下孩子，但是沒有開口，長輩到底會不會拒絕，我不知道，我只知道你根本沒有給親人對你表達愛意的機會。夢涵真的很需要同學照顧一下生病的她，但是沒有開口，她的同學到底會不會因為在睡夢中被叫醒而滿腹牢騷，沒有人知道，但可以肯定的是，夢涵根本沒有給同學幫助她的機會。**你不是在透過不提要求討好別人，而是在拒絕別人愛你的意圖。**

然後，你被愛的需要將永遠得不到滿足，並從這份不被愛中滋生出更深的自卑感，從而陷入越自卑就越不敢提要求，越不提要求就越無法被滿足，越無法被滿足就越缺愛，越缺愛就越自卑的惡性循環之中。

不敢行動的「高手」

當你想要去實現夢想的時候，自卑與自戀的衝突也會衝出來阻止你，讓你遲遲不敢行動。

我有一個朋友，一直想當一名作家，他經常對人說自己要寫出一本驚世駭俗的小說。但是一拿起筆，他就一個字也寫不出來了，這令他非常苦惱。其實這並不難理解，當你認為只要自己一落筆，就該寫出傳世佳作的時候，誰都會因為巨大的壓力而無法前行。看著自己好不容易寫出來的那幾個不怎麼通順的句子，簡直是對自己的羞辱，誰會持續地自取其辱呢？然後，你就陷入了一種無法行動的狀態裡。

但是不落筆，怎麼能成為作家呢？不接納自己是一個需要不斷練習才能成功的普通人的事實，怎麼能達到自己的目標呢？

自卑與自戀的衝突只會讓你成為一個夢中的絕世高手，而在現實中注定眼高手低，無法取得任何成就。

越自戀就越無法接受現實，越無法接受現實就越失敗，越失敗就越自卑，越自卑理想與現實的差距就越大，理想與現實的差距越大就越難以接受現實，最終只能在逃避與白日夢中虛度自己的一生。

化解內在衝突，走出心靈困境

自卑與自戀的衝突並非不可化解，只要掌握方法，你就可以輕鬆消除內心的痛苦。

方法1：看到自卑與自戀背後的美好需要

聽我說了這麼多，你可能陷入了新一輪的內心衝突中，認為自己實在是壞透了，既自戀又自卑，無藥可救。然而，這並非我的本意，不論你是自戀或者自卑，都有其合理性。批評不會讓事情好起來，只有接納才能化解衝突，你需要做的是看到自卑與自戀背後的美好需要。

首先，透過分析我們已經意識到了自己自戀與自卑的問題，但是這還遠遠不夠，**自卑與自戀只是概念，你需要去辨識出問題的本質才行。**比如，因為自卑不敢向他人提要求的本質在於：我覺得自己很糟糕，不配被滿足，萬一別人拒絕了我，我會覺得自己更糟糕，我不願意面對這樣的自我評價。再比如，因為自戀而不敢向他人提要求的本質在於：我覺得別人應該百分之百地滿足我，可是一旦提要求我的全能感就會受損，我不想面對這樣的事實。一般來說，問題的本質總是在於行為可能引起的負面自我評價，向著這個方向去想問題，往往會有令你驚喜的發現。

在你辨識出問題的本質之後，你就可以開始嘗試「將問題變為資源」了。「害怕自己不夠好」、「害怕自己不值得」、「害怕別人的拒絕」這都是問題，但是在每一個問題背後都存在著資源。**害怕自己不夠好，意味著我希望自己足夠好的願望。害怕自己不值得，意味著我希望自己值得被愛的渴望。害怕別人的拒絕，意味著我希望被接納的意願。**這些都是非常美好的東西，是你重要的人生資源。

當你這樣去思考的時候，你就平等地接納了自己的自戀與自卑，它們不再是水火不容的矛盾，而變成了並肩支持你的資源。

接下來，當你將目光從問題轉移到自己的美好需要的時候，你就可以開始向著充滿希望的未來前進了。**問一問自己：如何才能實現我討好型人格問題背後的美好願望呢？**為了變得足夠好、為了感受到別人的愛、為了被接納，我可以做些什麼呢？比如，將真實自我更多地敞開給身邊的人，更勇敢地表達自己的需要，讓自己變成一個更有愛的能力的人都是很好的選擇。我不知道你的答案是什麼，但是我敢肯定的是，繼續用自卑去掩蓋自戀的問題，用不提要求的方式去討好別人，絕對是與你的願望背道而馳的。

透過這三個步驟，你將接納自己的所有部分，而不是將自戀與自卑分別隱藏，並任由它們在內心不斷交戰。自戀和自卑都是你很好的部分，只要你有辦法讓它們為你所用。

方法2：進入合一的狀態

無論是自卑、自戀還是兩者衝突的問題，本質上都是我們沒有處於「合一」的狀態導致的。首先你是你，然後有一個無所不能的理想的你，最後還有一個在你看來卑微到塵埃裡的你，這就出現了三個「你」，是不是很可怕呢？事情並沒有到此結束，同時存在的還有在未來可能被拒絕的你，在過去沒有得到愛的你。當你的身體裡存在著這麼多個自己的時候，你怎麼可能不感到痛苦呢？

那要如何結束這種分裂的狀態，進入「合一」呢？**答案是，止息思維活動。**

多個自我之所以會分裂存在，最根本的原因在於你的思維活動。你用思維去判斷：這是自卑的表現，這是討好型人格。你用思維去批評：不能這樣做，為什麼就是做不到向別人提一個小小的要求？你用思維去創造時間：在未來我會因為他人的拒絕而感到羞恥，在過去我的父母總是拒絕我簡單的渴望。**卻忘記了，在**

當下，最真實的那個當下，有一個最真實的自己，需要真實地與這個世界打交道，而不是困在虛無縹緲的思維活動裡並感到痛苦。

為了止息思維活動，你可以使用以下幾種非常好用的方法。

第一，回歸到呼吸當中。當你用思維活動創造問題的時候，其實是處在一種與身體失聯的狀態中。一個人是很難既專注於自己的身體，又不斷進行思維活動的。不信的話，你可以嘗試一下。只是去觀察你的呼吸，不要去控制它，不要去干涉它，只是觀察，然後你就會發現四分五裂的自己開始聚攏起來，只有呼吸代表的那個自己是強有力的存在。

第二，問自己：「當下到底有什麼問題？」當下的意思就是，你一個人，站在大地上，呼吸著。可能看到眼前有一本書，聽見窗外的鳥鳴，聞到空氣中的味道，感受到皮膚的溫度。還可能有一個人用他的喉嚨發出了一些聲音，試圖讓你獲得一些信息。這就是當下，當下沒有任何問題，只有體驗，只有合一。

第三，從抽象回歸具體。害怕別人會拒絕你的要求，這是一個很抽象的概念，你可以將它變具體。「別人拒絕你」具體來說是這樣的，「別人」是由分子構成的有機體，「拒絕」是這個有機體用他的一個器官發出了一些聲響，或者是面部出現了眉頭微微皺起的表情，「你」則是另一個由分子構成的有機體。所以**別人拒絕你具體來說就是，「一個由分子構成的有機體用他的一個器官發出了一些聲響，用他的面部做出了眉頭微微皺起的努力，並被另一個分子構成的有機體的一個器官——眼睛接收到了。」**而這有什麼可怕的呢？在生命的合一裡，只有具體的現象，沒有「拒絕」這麼令人困擾的概念。

你看，不能拒絕別人的討好型人格問題是不是上天給你最美的禮物呢？透過療癒它，你走上了「合一」的道路。所以，試著閉上眼睛，對自己的「討好型人格」說：謝謝你指引我，我愛你。我過去沒能看見你、理解你，真的對不起，請你原諒我！

學習筆記

✸ 核心討好型問題：無法向別人提要求。

✸ 主要表現形式：總怕麻煩別人，凡事靠自己。

✸ 這是因為——

▶ 自戀的衝突：依賴別人和被拒絕會讓你的「自戀」受損；

▶ 自卑的衝突：「我不配被滿足」的不合理信念；

▶ 自卑與自戀的衝突：害怕拒絕，更怕被滿足的矛盾。

✸ 直接後果：不斷加深的自卑感。

✸ 這意味著你需要——

▶ 看到自卑與自戀背後的美好需要。自卑與自戀背後是你希望被愛、被接受的美好意願。只要平等地接納二者，就可以讓它們從水火不容的矛盾，轉變為並肩支持你的資源。

▶ 進入合一的狀態。你的痛苦來自於四分五裂的自我，進入合一的狀態是自我救贖的重要方法。透過回歸到呼吸當中、問自己「當下到底有什麼問題」、將問題從抽象變具體的方式，你不僅會療癒自己的討好型人格問題，更會因此走上心靈成長的正確道路。

第四章

CHAPTER.04

不等別人說，主動給人方便

欣瑤剛剛通過了三個月的試用期，終於有了屬於自己的辦公位置。雖然作為一個新人，她的座位在飲水機、影印機旁邊，人來人往，但是她的心裡還是美滋滋的。

早上是大家來飲水機這裡裝水的高峰期。欣瑤一邊處理著手頭的工作，一邊聽著飲水機發出咕嚕嚕的聲響，隨著水位下降，音調發生著輕微的變化。突然，流水聲越來越小，一個中年女子說了一句：「哎呀，沒水了。」欣瑤突然心中一動，下意識地放下了手頭的工作，「我來幫妳換水吧。」她說。於是，欣瑤去茶水間提了一大桶飲用水，艱難地將它搬運了回來，而剛剛要裝水的同事早已回到了自己的辦公位置。欣瑤心裡有些不是滋味，但還是說了一句：「有水了。」對方看了她一眼，甚至都沒有微笑，只是沒什麼感情地說了一句：「謝謝。」

中秋節快要到了，公司為員工準備了月餅作為福利。負責採購的是一個乾瘦的女孩子，欣瑤看著這麼瘦小的一個女孩子卻在一個人做著搬運、分發的體力活，心裡莫名有些不安。於是，她再次站起身，對那個女孩子說：「要不要幫忙？」女孩子有些感激地看了她一眼，「沒關係，我自己來吧，妳真好，謝謝妳。」聽對方這麼說，欣瑤更加坐不住了，「我幫妳分類，妳來分發吧！」她說。

快下班的時候，欣瑤接到了一個電話：「妳的快遞到了，下來正門拿！」她剛準備下樓，聽到隔壁位置的人也接到了拿快遞的電話。於是欣瑤問道：「你也是在正門拿快遞嗎？我幫你一起拿吧？」對方迅速說：「太好了呀，多謝多謝。哎，欣瑤，我一會兒要去開會，可能還有一個快遞，妳能幫我再拿一下嗎？」

一天下來，當欣瑤終於回到家躺在自己的小床上的時候，巨大的疲憊感向她襲來。不知不覺，欣瑤睡著了，夢中的她正在公車上給一個大肚子的女人讓座，而那女人一回頭，卻是一張青面獠牙的魔鬼臉。

關鍵字

「好人」人設

討好型的人總是不等別人說，就積極主動地幫助他人。表面上看這是一種樂於助人的行為，沒什麼問題，但本質上，問題非常大。**因為「樂於助人」本該是快樂的，而討好型的人在幫助別人時，感受到的卻是疲憊和痛苦。**既然如此，那麼討好型的人為什麼還要主動幫助別人呢？答案是保持「好人」人設！

需要被看見的「好人」：不錯過任何一個被「貼標籤」的機會

其實一個主動幫助別人的討好者想要的東西並不多，不過是別人的一句誇獎和感激而已。欣瑤搬運著沉重的桶裝水，做著不是自己分內的工作，幫別人拿快遞，並不是在求對方回報給她什麼，**她所求的只是對方能夠給她貼上一個「好人」標籤。**

「好人」是訓練出來的

你可能會很好奇，一個人就為了被貼上「好人」標籤，竟願意做這麼多事情嗎？太不可思議了吧。

這很好理解，美國心理學家B．F．斯金納（B. F. Skinner）做過這樣一個實驗——他將老鼠放進箱子，箱子裡有一個桿子，老鼠在箱子裡到處亂跑，不小心觸動到桿子的時候就會有食物掉出來。然後，第二次，當老鼠觸碰到桿子的時候，又有食物掉出來。久而久之，老鼠就學會了只要「壓桿子」就可以獲得食物的道理。

你是比老鼠聰明千百倍的人類。小時候，當你主動幫助父母做家務、懂得為他們考慮時，他們就會大力表揚你；而當你在他們忙於家務的時候不幫忙，只是自顧自地玩耍，他們就會怒氣沖沖地批評你沒有眼色，罵你不知道關心別人，你就會很快學會透過主動幫助別人，就能獲得微笑、撫摸、讚揚等獎賞的道理。

討好型人格不是天生的，而是被訓練出來的。每一個樂於助人的「好人」，都只是在重複一種被訓練出來的技能而已。就好像馴獸師手中的動物，雖然迎來了陣陣喝采，卻始終擺脫不掉心靈被禁錮的痛苦。

為了獎賞，什麼都可以不要

關於老鼠的心理實驗沒有到此為止，你的討好型人格問題也是一樣。加拿大心理學家布魯斯．亞歷山大（Bruce Alexander）也做過一個關於老鼠的實驗，他將老鼠放在一個籠子裡，裡面有兩種液體可以喝，一種是水，一種是嗎啡。結果顯示，獨自待在籠子裡的老鼠最終會因為過量飲用嗎啡液體而死亡，而籠子裡有一些「遊樂設施」可以供其玩耍的老鼠則不太會去喝含有嗎啡的水。

實驗說明了一個重要的問題，**一個人為了獲得快樂與獎賞，甚至願意去死，尤其是當這個人的內心匱乏的時候。**

而與死亡比起來，一個人為了獲得表揚，主動為別人搬一桶水、拿一個快遞、分擔一些別人的負擔，實在是小事一樁，尤其是當你無法從其他途徑獲得讚揚與認可的時候。從不表揚你的父母、充滿譴責的伴侶、無法獲得成就感的工作，都會加深你對於表揚這一獎賞的渴望。而你越渴望就越想努力討好，越討好就越會發現自己得不到，越得不到就越迫切。**似乎你生命的全部意義就是不錯過任何一個給他人方便的機會，見縫插針地幫助別人，並期許獲得別人一丁點兒的善意與表揚。**

解決溫飽還是錦上添花

這就是為什麼討好者的行為不是「樂於助人」的原因。樂於助人的重點，在於「樂」，是一種自己內心很滿以至於能溢出很多東西，並用其滋養了別人的狀態。而討好者提供給他人的幫助，重點在於「苦」，是你的內心已經匱乏到了極點，想要向別人討一些東西的狀態，這是完全不同的。

這就好像，同樣是送給別人一串美麗的珍珠項鍊，如果是因為你已經有很多條美麗的項鍊，因此想讓別人也擁有一條的話，那麼你就是快樂的。而如果你送給別人一條美麗的珍珠項鍊，是因為你快要餓死了，所以希望換取一些糧食，那麼你就是痛苦的。

主動幫助別人的行為，是你填補內心匱乏的舉措，不是因為內心富足而自然溢出的結果，這就是你無法透過幫助別人獲得滿足與快樂的原因。

放不下的「好人」包袱：做個「好人」才會被愛

除了被貼上一個「好人」標籤的獎賞之外，主動幫助別人的討好者還能因此規避被孤立的恐懼。避免不喜歡的事情發生，本質上也算是一種能夠強化行為的獎勵。

討好的基因

從某種程度來說，討好的基因是深植於每個人靈魂深處的。在自然界中，人是一種非常脆弱的生物，我們沒有老虎、獅子那樣尖利的爪牙，沒有烏龜、鱷魚那樣堅固的鎧甲，如果人類總是一個人遊走在世間的話，大概早就滅絕了。人類作為攻擊和防禦能力都不行的動物，之所以能夠成為「萬物之王」，最重要的原因在於我們懂得合作，能夠發揮群體的力量。

而合作是以「討好」能力為基礎的。當一個原始人在森林裡見到了另一個原始人，他們如何知道對方是敵是友呢？微笑，將自己採集的果子給對方一個，把自己的寵物鳥給對方玩一會兒，主動幫對方做一些事情，這些「討好」行為是必不可少的。

沒有「討好」就沒有合作，沒有合作原始人就要面對死亡的威脅。你的祖先之所以能一代一代地繁衍，並創造了現在的你，足以說明「討好」基因是非常強大的。他一定成功地「討好」了身邊的人，不必面對被群體驅逐的命運。所以，比獲得表揚更本質的、驅動你討好別人的動力，是避免被孤立的絕望感。這是祖先給你的寶貴財富，你也的確因此更加容易被他人喜歡，更加容易被集體接納。所以，**不是你的「討好」行為是壞的，而是你忘記了，自己面對的已經不再是每天都需要上百人合作圍獵猛獸的時代，在這個高度分工的社會，「討好」基因已經過時了。**

被孤立的恐懼

大多數討好型的人都曾有過被孤立的經驗。剛上學的時候，我因為性格內向，不太會與其他人交朋友。下課鈴聲一響，別的同學都三五成群地拿著毽子、橡皮筋嘰嘰喳喳地去操場玩耍了，只有我一個人茫然地看著這一切發生。繼續待在教室裡有些奇怪，自己一個人走到操場上更加奇怪。後來，導師發現了下課後總是偷偷躲在走廊裡的我，並苦口婆心地告訴我要融入群體！她不說還好，她一說我連走廊都沒辦法躲藏了。

再後來，我終於交到了一個「朋友」，可是這並沒有讓我感覺更好。她總是和別人說我性格孤僻，不喜歡和別人玩，讓其他同學都不要理我。這讓我在之前的孤單下更多了一重憤怒與恐懼。

就好像皮膚被劃傷後會長出堅硬的疤痕，更好地自我保護一樣。被孤立過的人，發展出了主動幫助別人的討好技能，使自己免遭被孤立的痛苦。然而，就好像傷疤總是醜陋而突兀一樣，討好的行為苦澀而艱辛。**因為它不是在愛中孕育出的美麗花朵，而是在痛苦中艱難成長起來的荊棘。**

想要自我保護的願望是如此美好，但是要知道，你不再是那個被孤立就毫無辦法的孩童了，一個人看看書、玩玩手機不是很好嗎？為什麼非要找別人和你一起「跳橡皮筋」呢？就算你是個喜歡熱鬧的人，你也不再是那個只能和班級裡的同學交朋友的孩子了，你還有更大的圈子可以進入，不是非得要討好某個「朋友」不可。

「壞一點」的經驗不足

你之所以執著地做「好人」，並認為只有如此才不會被孤立、才會被愛，很重要的一個原因在於，做些「壞一點」的事的經驗不足。

從小你就是一個好孩子，長大之後你變成了一個好員工、好伴侶、好朋友，**於是你理所當然地認為自己之所以擁有朋友、和諧的同事關係、有愛的伴侶，一切的一切都是因為你是一個好人。**這就好像，你抱著一根蘿蔔，成功地穿越了危險的叢林，並認為這一切都是蘿蔔的功勞一樣莫名其妙。

叛逆的孩子就沒有朋友了嗎？不幫同事拿快遞的人都失業了嗎？不樂於助人的人都活得悽悽慘慘嗎？顯然不是的。如果你當初選擇抱一顆馬鈴薯穿越危險的叢林，你照樣可以成功走出來。**如果你能讓自己更多地獲得一些做「壞一點」的事的經驗，你就會發現自己仍然擁有親密的關係和幸福的生活。**

而且我希望你知道的是，當你「壞一點」的時候，你將擁有更好的關係。因為**當你執著地做一個「好人」的時候，吸引到的往往是「吸血鬼」**。這很容易理解，一個總是希望別人幫他做這個、做那個的「吸血鬼」如果經常和另一個「吸血鬼」一起玩耍，彼此都想要對方付出而不是自己付出，他們的關係怎麼可能和諧呢？而如果有一個不等他說，自己就伸出手臂給他吸的「好人」，將是多麼理想的夥伴呀？所以，當你「壞一點」的時候，「吸血鬼」會覺得很不方便，自然離你而去了，你就會因此擁有更加美好的夥伴與關係了。

界線不清的「好人」：總想為別人的人生負責

說了這麼多，似乎討好型的人之所以總是主動幫助別人完全是出於利己的目的，不論是獲得獎賞還是獲得愛。但是這樣說是有失公正的，討好者之所以主動給別人方便，當然有希望別人更舒服一些的「利他」目的，但是這並沒有讓討好行為「高尚」起來。

你想拯救的到底是誰

我有一個朋友，特別看不慣其他人起衝突，只要有人爭吵，她就會非常不安，並主動為他人調解矛盾。有一次，辦公室裡的兩個女孩因為工作上的事情發生了爭執，小李認為這項工作很重要必須精益求精，小張則認為工作時間有限，不可能每件事都盡善盡美。這件事本和她毫無關係，但是聽到同事爭吵她就坐立不安，於是她趁著小李去開會，勸慰了小張：「小李也是希望將工作做好，那天開會還特別提及了這項工作，公司高層都很重視。」中午的時候，她又單獨約了小李出去吃飯，「小張說的話也有道理，的確不可能每件事都做到完美，不然不就要天天住公司。工作嘛，就是賺錢養家，別那麼較真。」然而，小張和小李都不買她的帳，最後搞得她裡外不是人。

你可能會很好奇，這個人為什麼傻呼呼地要做這種吃力不討好的事情。但是當你知道，她小時候父母總是爭吵不斷，三天兩頭為了點小事就要鬧離婚的話，大概就可以理解她為何如此執著地想要調解別人的矛盾了。

在潛意識裡，她甚至分不清屬於童年的父母和屬於當下的同事。就好像一個人因為疏忽而忘記給心愛的玫瑰花澆水，以致將它養死之後，執著地對著新買來的仙人掌死命澆水補償一樣，結果只能是創造新的悲劇。**當她將童年對於父母關**

係的無能為力帶到了現在，努力去幫助身邊每一份岌岌可危的關係的時候，她收穫的仍然是無能為力。

沒有界線的你和我

不論是想要調解同事的矛盾，還是想要拯救父母的夫妻關係，從本質上說都是一種沒有界線感的表現。孩子因為尚未長大，沒有完成與父母的分離，所以常常感到自己與父母是一體的，快樂著父母的快樂，悲傷著父母的悲傷，從而想要讓父母的關係穩定，擁有一個溫暖的家，這尚且可以理解。但是當我們將這種毫無界線感的關係模式帶到成年人的世界中，就會產生非常多的困難。

一方面，你會感到非常無力。你的同事們意見不合，這到底和你有什麼關係？你是能改變同事的價值觀？還是能讓同事按照你的方式處理問題？一個都不可能。這就好像你想干涉樓上的男孩子找什麼樣的女朋友，鄰居選一隻什麼品種的寵物貓一樣，力所不能及。

另一方面，你會讓自己的人際關係變得非常糟糕。當你告訴樓上只見過幾次面的鄰居你不喜歡他新交的女朋友的時候，對方只會滿臉疑惑地看著你，並且從今以後避免和你這個奇怪的人共乘一部電梯。當你分不清自己與別人的人生界線，總想幫助別人的時候，往往是對別人生活的粗暴干涉，讓你自己痛苦的同時，也會讓別人感到不自在。

別自戀了，你幫助不了所有人

除了界線不清之外，驅使討好型的你無條件幫助別人的，還有你的自戀感。

你想要給樓下的孤寡老人送溫暖，想要給情緒低落的朋友提供支持，想要為工作量大的同事分擔壓力，想要給流浪狗一個肉包子，如果這是你力所能及的事情，那麼這並沒有什麼問題。但是既然你已經在透過讀書解決討好型人格給你造成的困擾了，我相信你已經吃到了這些行為的苦果。

想要幫助所有人，本質上是一種自戀的表現。**你是一個人，有自己的需要和能力範圍，即便你不眠不休，也不可能幫助所有人。**但是你卻認為自己是「神」，能夠拯救世界，全世界的人都比你可憐，所以地獄不空你誓不成佛。你說你能不感到無力且痛苦嗎？所以，當你下一次忍不住想要透過主動幫助別人而去討好的時候，不妨和自己開個小玩笑說：「眾生度盡，方證菩提。地藏王菩薩努力了這麼多年，還沒成功，你能不能別自戀地覺得自己能做到了？」

「好人」的苦果：疲勞、疲倦、疲憊

做個「好人」可以讓你得到別人的表揚，在別人的接納中感到安全，滿足你的自戀感，不斷重複童年時沒有界線感的關係，但是它卻會讓你的身體和心靈疲憊不堪。

「好人」的疲勞，別人不會懂

在現實層面，做個「好人」顯然是一件很勞心勞力的事情。欣瑤本來可以安安穩穩地坐在自己的位置上工作，休息時還能玩一玩手機，輕鬆愉快。但是她卻選擇了幫大家換桶裝水，這可是個體力活，任誰做完都要喘幾口大氣。況且，欣瑤之所以能找準時機為他人提供幫助，很重要的原因在於她時刻留心著周圍的動靜，飲水機的水還剩多少？是不是有人想要喝水卻沒被滿足？而留心這些都是需要投入精力的，身心的疲憊可想而知。

欣瑤本來可以只拿自己的快遞，但是她卻選擇了幫同事將快遞一起拿上來，到了樓下一看，一個足有十公斤重的巨大包裹，一下子上下樓這種「有氧運動」就變成了「無氧運動」。更何況，欣瑤要留心別人是否接到了拿快遞的電話，要向對方說明自己也要去拿快遞的情況，萬一對方客氣幾句就還要說服別人，告訴對方自己真的很順路一點也不麻煩，是不是想一想都累呢？

我不是說，你必須吝惜自己的精力，不向任何人提供幫助。而是說，**如果做個「好人」已經超出了你的體力與精力的承受範圍，那麼就是時候讓自己休息一下了。**適當的體力勞動可以提升一個人的睡眠品質，為什麼不讓那些你想幫助的人動一動，讓他們也睡個好覺呢？這不也是一個「好人」該有的自我修養嗎？

做個「好人」，真令人疲倦

做事情的最高境界叫作「樂此不疲」，而做「好人」實在是一件令人疲倦的事情。

我們前面說過，「好人」的需要其實非常簡單，不過是想要別人給他一句誇獎、被貼上一個「好人」的標籤，避免被孤立的處境罷了。客觀地說，與你的付出相比，你想要的這些東西實在不算什麼。這就好像你拿金條去換別人的蘋果一樣，實在是一個虧本的買賣。不過大家都是成年人，交易講的是你情我願，只要你願意去換，本來也沒什麼問題。**問題在於，很多時候你甚至無法用昂貴的代價換來自己那麼一丁點願望的滿足。**

你每天幫助這個、幫助那個，對方卻不怎麼感激你。一方面，人是一種需要與別人比較才能獲得優越感的生物。你每天工作都能賺兩百塊錢，並習以為常。

但是如果有一天你發現同事每天賺三百元，你就會很不平衡。當然，要是你發現同事其實每天只賺一百元，你就會為自己的工資感到異常高興。人與人相處也是如此，如果一個人總是白吃白拿別人的東西而從不回報，唯獨有一次分了一片餅乾給你，你就會覺得這個人對你特別好。但是如果一個人在別人生日的時候都買了八吋的蛋糕慶祝，唯獨到你這裡時卻買了一個六吋的，你就會覺得這個人待你特別壞。而一個對誰都好的「好人」顯然屬於後者，**你雖然付出了很多，卻沒能讓別人在對比中感受到你對他獨特的心意，甚至會因為你幫別人做得更多而心生怨恨。**

另一方面，當你幫助一個人的時候，你就將自己放在了一個很高的位置上，而將對方放在了一個不如你的位置上。然而，誰會甘心待在低微的位置上呢？所以，**他會無意識地用「不感激」來挫敗你**，你不是想讓我感激你嗎？我偏不！你不是想被貼上一個「好人」標籤嗎？我偏不讓你如願。你不是希望我對你友善嗎？休想！

所以，做個「好人」是不是真的太難了呢？拿著金子想換一個蘋果，竟然還不能如願，內心的疲倦可想而知。

沉重的偶像包袱

即便你身邊的人不算胡攪蠻纏，愉快地用自己廉價的蘋果換了你寶貴的珠寶，讓你如願得到了別人的讚美，被貼上了「好人」的標籤，感到了大家都願意和你在一起的接納，然後呢？

然後，你就被「好人」的身分困住了。人性是很複雜的，有善意有惡意，有無私有自私，有愛有恨，有自卑有自戀，這才是一個自由而健康的人。如果一個人說自己只有善意、無私等光明的一面，就好像太陽升起來而不落山一樣，聽起來很美好，實際上誰也受不了。當你執著地做一個好人，而不允許自己壞的一面呈現的時候，你就被「物化」了。**你雖然成了一個「好人」，但是也不再是一個「人」了。**

你還會為了這個標籤而讓自己變得更「好」，生怕做出不符合自己人設的事情來。這就像一個「偶像包袱」，讓你放不下也不敢放。可如果你走到哪裡都要帶著偶像包袱，這是多麼疲憊的一件事情呀！什麼時候能夠讓自己休息一下，將這個沉重的包袱放一放，做一個真實的人，而不是一個「好人」呢？

分清人生課題，讓自己「壞一點」

很多人問我：「老師，怎麼能不做一個『好』人？」答案很簡單：「那就做個『壞一點』的普通人嘍！」這聽起來是一句廢話，但是實在沒有比這更好的辦法了。

方法1：忍住，做個「壞一點」的普通人試試

人對於未知總是充滿了恐懼，當你沒做過「壞一點」的事的時候，你就不知道這樣做的結果是什麼樣子的，你越不知道就越恐懼，並產生很多負面的聯想。哎呀，要是我這樣做一定會被孤立，同事一定很不配合我的工作，朋友一定不喜歡我了。這就好像你第一次走在漆黑的巷子裡看到一個影子一閃而過一樣，你不

知道那是什麼，從而猜想，是不是強盜？是不是怪物？因而感到非常害怕。但是如果你能有一些「壞一點」的經驗，你就會發現，現實沒有想像中那麼可怕，所謂「鬼影」只是遠處車燈一閃而過。

所以，下一次當你想要主動幫助別人的時候，告訴自己：「忍住！」然後去觀察一下，當你不主動幫同事拿快遞的時候，對方是不是真的會因此不配合你的工作。當你不主動幫大家換水的時候，是不是真的會有人說你「沒眼色」，當你不主動幫助遇到困難的朋友的時候，你們的關係是不是會就此決裂。然後你就有了「壞一點」的經驗，就會開始明白「壞一點」的生活其實非常美好。

當你獲得了這份經驗之後，當然可以選擇繼續做個「好人」，因為你此時的心情已經和之前完全不同了。**現在做一個好人，是你理性的選擇、善良的體現，而之前是恐懼驅動下迫不得已的行為，最終帶給你心靈的則一個是滋養，一個是損耗。**

方法2：分清「人生課題」

著名心理學家阿爾弗雷德・阿德勒（Alfred Adler）提出過一個概念，叫作「人生課題」。每個人都有屬於自己的人生課題，如何獲得愛、如何擁有朋友、如何養活自己、如何活出生命的意義等等。每個人都要對自己的人生課題負責，就好像學習是孩子的人生課題，他不能將這個課題丟給自己的父母，自己卻無所謂一樣。更關鍵的是，一個人不應該干涉別人的人生課題，別人找什麼樣的伴侶度過一生，想要透過怎樣的方式養活自己，這都不是你該操心的事情。不然你就像幫助孩子學習的家長一樣，不僅自己疲憊不堪，還會剝奪孩子承擔責任的權利。

日常生活也是如此，同事來裝水剛好沒水了的確挺可憐的，但是讓自己喝上水顯然是他的人生課題，而不是你的。公司裡搬運重物的小女孩的確很不容易，但是透過自己可以承受的方式養活自己是她的人生課題，不是你的。你的同事正在忙卻不得不去拿快遞，的確焦頭爛額，但是將自己下單的東西取回來是他的人生課題，不是你的。**當你總是要幫助別人的時候，其實是在干涉別人的人生課題。**

所以，下一次當你不主動幫助別人就難受的時候，告訴自己：「是時候分清人生課題了！」**如果你分不清楚的話，可以試著將現在的情況描述出來，看一看問題的主語是誰。**「小李沒水喝了」、「小張在忙沒空拿快遞」，主語是「小李」和「小張」，而不是「我」，所以這是別人的人生課題。而「我不幫助別人就難受」、「我看不得別人受苦」，主語是「我」，很肯定，這是你的人生課題，想辦法解決它。

透過這樣的方式，你將會越來越「清明」，而不是做一個「爛好人」。

方法3：我是「好」的，不需要被證明

如果有一天你站在法庭上，法官對你說：「你現在需要證明自己是一個沒有犯過罪的好人，不然我就要給你判刑！」那你是什麼感覺呢？你一定會想，這也太沒有道理了吧，你要判我有罪，當然要拿出證據來，讓我證明自己無罪是什麼邏輯？

然而，「好人」的邏輯就是這樣不可理喻。你要不停地幫助別人，才能證明自己是一個「好人」。也就是說，**如果你證明不了，就說明你是「壞」的。這和你無法自證清白就等於有罪有什麼區別呢？**現在你知道你將自己為難到了一種什麼樣的程度了吧？

你是好的，從來不是一件需要被證明的事情，轉變思維方式很重要。你需要為自己建立一種「既然別人無法證明我是壞的，那麼我就是好的」的思考方式。

每天抽出三分鐘，站在鏡子前，對自己說：「我是足夠好的，我是足夠好的，我是足夠好的。」這方法聽起來簡單粗暴，但是只要你堅持做就會發現，改變已經神奇地發生了。

你還可以給自己設置一個打卡任務，一天誇自己十次，但是不要包括給予他人幫助這一點。例如，我今天完成了一項重大的工作，我可真厲害！我今天學會了一首歌，唱得真好！我今天給自己買了一件新裙子，我可以擁有這麼好的東西！我今天吃了一道義大利菜，我竟然可以給自己提供這麼好的生活！你無法改變身邊人的行為模式，讓他們變得能夠看到你的「好」，但是你可以看見自己的「好」，滿足自己的需要，這才是你的人生課題。

人們常說「善良是一種智慧」，而因為內心的衝突不得不做好人，則是愚蠢而不自知。**一個做不了「壞人」的「好人」不是真正的好人，真正的好人需要帶點鋒芒，將有分寸的善良給對的人，才是真正的人生智慧。**

學習筆記

✸核心討好型問題：不等別人說，主動幫助他人。

✸主要表現形式：時刻留心身邊是否有人需要幫助，不錯過任何一個「討好」的機會。

✸這是因為——

▶父母的訓練：小時候，做父母的希望你做的事情，是你獲得表揚的唯一方法。

▶被孤立的恐懼：害怕自己不被人喜歡，從而不得不面對被孤立的命運。

▶不清晰的界線感：總想要為他人的人生負責。

✸直接後果：疲勞、疲倦、疲憊。

✸這意味著你需要——

- 獲得「壞一點」的經驗。做個「壞一點」的普通人，你仍然可以獲得愛。
- 分清「人生課題」。克服不幫助別人就難受是你的人生課題，而解決別人生活中的困難是別人的人生課題。
- 不再證明「我是好的」。轉變思維方式，堅信自己是好的。

第五章

CHAPTER.05

我做的，都是別人期待的

雨佳大學畢業後，按照父母的意願找了一份「朝九晚五」的工作，雖然收入不高，但是穩定，幾乎沒有壓力。在家人看來，女孩子有這樣一份工作是非常理想的，幾年後嫁了人，還可以充分兼顧家庭。

可是雨佳是個有自己想法的女孩子，倒不是非要追求功成名就，但是每天做著重複的工作，實在是令她心中苦悶，覺得這樣生活很沒意思。於是，她產生了換一份工作的念頭。

經過一段時間的探索與努力，雨佳找到了一份她想要嘗試的工作。但是，做這個決定對她來說並不容易，因為她知道父母與家人絕對不會同意她的這個選擇。而如果他們不能對此表示贊同，雨佳則會非常忐忑不安。

為了消除這份擔憂，雨佳決定和父母談一談這件事，如果父母能給予自己一點點肯定與支持，一切就會變得很容易。

當天晚上，雨佳給家裡打了一個電話，當她還在猶豫怎麼開口的時候，母親突然說：「雨佳，妳知道妳二姑姑家的那個妹妹吧，本來工作挺安穩的，非要自己去創業，這下好了，被騙子騙了，血本無歸。妳說這孩子，從小就不懂事，這下怎麼辦！給他們家愁得呀！」

雨佳話到嘴邊又嚥了回去，還有什麼可說的呢？父母的觀點已經很清楚了，安穩是最重要的，其他都無所謂。雨佳心不在焉地和父母聊了幾句家常，就掛斷了電話。

放下電話後，一股莫名的委屈湧上心頭，她把自己蒙在被子裡，大哭了一場。

然後，雨佳打開筆記型電腦，給邀請她入職的公司發了一封表示拒絕的郵件。

關鍵字

認可

「認可」是討好者繞不開的話題。希望別人認同你的行為、希望別人喜歡你、希望別人覺得你是個好人，都是追求認可的表現。雨佳作為一個成年人，做什麼樣的工作不能自己決定，而是要父母「認可」。如果得不到父母的贊同，她就不得不因為難以忍受內心的忐忑不安而放棄。看起來，她是在追求父母的認可，這無可厚非，而實際上這是「病態的弱者」追求認可的方式。**因為「健康的強者」追求認可，是不論你同不同意我都要做，但是我要你看到我的輝煌成果。而討好者追求認可，是只要你不同意我就做不了，我要你為我的行為負責。**

追求認可的歧途：做「該做的」而不是「想做的」

為了獲得「認可」，討好者總是在做應該做的事情，而忽略了自己想做的是什麼。父母希望你找一份安穩的工作，於是你找了，畢竟滿足父母的要求、獲得安穩的生活是應該做的。至於想做什麼樣的工作，你甚至都沒有考慮過。公司希望你盡職盡責，所以你每天加班到晚上十點，畢竟這是公司的期待，是一個「求上進」的年輕人應該做的。至於你對於工作的期待到底是獲得成功還是取得一份能養活自己的報酬，在生活與工作間該如何權衡，你從來沒有認真想過，更不要提你想要過什麼樣的生活了。而你為什麼下意識做出了這樣的選擇呢？

認可是一種「背書」行為

「背書」本來是一個金融名詞，是指持票人為了將票據所有權轉移給他人，而在票據後面簽名的行為，而背書人也從此對這張票據承擔起了類似擔保的償還責任，所以「背書」一詞最終引申為了「為他人做擔保」的意思。

討好型的人需要的正是這種東西。你需要父母同意你換工作的決定，不然就忐忑不安無法真正行動。你想要和一個人建立友誼，就非要問身邊人是不是也覺得這個人的確值得交往，得不到肯定的答覆就惴惴不安。明明到了下班時間，你卻非要和辦公室的同事說一聲：「那我先走了啊。」不然就感覺自己不守紀律像「早退」了一樣。週末去父母家吃飯，想要喝個礦泉水，非要說一句：「媽，我喝一瓶水啊。」不然就好像自己會因為不問自取而被抓到派出所一樣。看起來，你需要的是他人的認可，認可你工作上的選擇、認可你交友的原則、認可你下班走人的行為，甚至認可你想要喝一瓶水的合理性。**然而，你真正想要的是別人為你的行為「背書」，從而不必獨自承擔責任。**

如果你想要換一份工作，而父母說：「好，你就應該這麼做！」一旦事情搞砸了，你至少還可以說：「你們當時不是也沒看到問題嗎？也不能全都怪我缺乏判斷力。」這並不是說你想讓父母「背鍋」或者要責怪父母，而是說這至少比事情搞砸了，父母還要罵你說：「我早和你說過不行了，你就是不聽！」要讓人好受得多。

反過來，如果父母不能給予你想要的認可，那麼做他們期待的事，而不是自己想做的事，就成了一個順理成章的選擇。因為這不僅可以降低你的風險感，更能大大增加你的安全感。

自己給自己的「道德綁架」

你之所以總是做別人期待的事情，而委屈了自己內心的真實想法，還有一個很重要的原因，就是「道德綁架」。**而「綁架」你的不是別人，正是你自己。**

有一個人告訴我，她每天都拖著沉重的腳步走在下班的路上，甚至覺得根本沒有足夠的力氣走回家。事情是這樣的，回家的路上她總是不斷地盤算著，自己一定要按時回家給丈夫和孩子準備好豐盛的晚餐，要給老家的父母打去關心的電話，要給孩子講自己花了很長時間準備的英文繪本，要和寵物狗玩牠最喜歡的飛盤……而自己上了一天班，已經筋疲力竭了，實在是越想越無力，越想越走不動。

於是我問她：「如果妳不給丈夫準備好晚餐，他會如何呢？」她想了想說：「不會如何。丈夫很體諒我，甚至經常問我要不要點個外賣，減輕一些壓力。可是我覺得做飯是一個好妻子應該做的，是讓丈夫感受家庭溫暖的重要方式。」然後我又問：「如果妳不給家裡打電話，父母會如何呢？」她想了想說：「也不會如何。我爸媽不是那種胡攪蠻纏的人，沒有要求我必須每天打電話給他們。可是我爸媽只有我一個孩子，我不打電話回去他們該多孤單呀！」我忍不住又問：「如果妳不給孩子讀英文繪本，孩子會怎樣？」她想了想說：「也不會怎樣。其實就我這英文水準，即便準備了很長時間，恐怕也很難真的幫助孩子提高英文程度。可是別的家長都花了那麼多心思教育孩子，我工作很忙，本來陪伴他的時間就少，如果什麼都不做我會覺得更加虧欠他。」

所以，做一件又一件應該做的事情，實在不是別人逼妳做的，甚至沒有人因為妳不做而「一哭二鬧三上吊」。**一個好妻子就該給丈夫做晚餐，一個好女兒就應該多陪伴父母，一個好媽媽就應該留給孩子足夠的陪伴時間，這完全是妳自己對自己進行了道德綁架。**

被放上「神壇」的認可：他人的認可，是評判事情好壞的唯一標準

除了想要別人與你共擔風險，並用一件又一件「應該做」的事情道德綁架自己之外，討好者還擁有一種非常頑固的信念：「別人不認可，就說明這樣做是錯的，是我沒有做好。」

得不到認可，就是我沒有做好

雨佳想要換一份工作，但是父母不認可，於是她認為這樣做是錯的，並選擇了放棄。這樣的例子在討好者的生活中比比皆是，你透過自己的努力通過了從業資格考試，當你將這個好消息和父母分享的時候，他們不怎麼熱切地說了句「恭

喜」，並告訴你：「考試並不能代表什麼，工作看的是能力。」於是你鬼使神差地報了一個更難的考試，因為你在潛意識裡覺得，父母之所以沒有認可你的成績，是因為你做得還不夠好，把自己證明得還不夠充分。妳堅持經濟獨立，生了孩子仍然返回職場，兼顧母親與職場女性的身分對妳來說是個不小的挑戰，而妳每次和丈夫抱怨，他都說：「還不是妳自找的，我都說了妳可以在家帶孩子，我來養家，真不知道妳在堅持什麼。」於是妳陷入了深深的自我譴責，覺得自己既不是一個好媽媽，也不是一個有能力做出正確選擇的人。**因為妳內心的一個部分堅信：既然我沒有得到丈夫和家庭的認可，那麼我做的一切都是沒有意義的，我做出的選擇都是失敗的。**有時這就像：你看上了一件風衣，真的很喜歡，只是因為價格昂貴有些猶豫，所以午休的時候你拉上朋友一起去看，希望朋友的意見能堅定你將它買下來的決心。然而，朋友卻說；「這風衣的款式也太普通了吧，一點都不時尚，還這麼貴！」你聽了朋友的話，雖然內心還是很喜歡，但是卻猶豫了，「可能我真的沒有眼光吧？沖昏了頭腦？買下來大概真的不太明智。」於是你戀戀不捨地和朋友離開了店鋪，甚至還偷偷回頭看了一眼櫥窗中的風衣。

「好」沒有唯一標準

然而，你有沒有想過，所謂的「好」其實並沒有唯一的標準呢？你在工作中想要獲得的是快樂、成就感，而你的父母希望你在工作中獲得的是保障。你們想要的東西完全不同，如何能比較好與壞呢？這就好像你去市場買菜，買了一根紅蘿蔔和一根白蘿蔔，你說是紅蘿蔔好還是白蘿蔔好呢？完全沒有可比性，這不是一根發霉的紅蘿蔔和一根新鮮的紅蘿蔔誰更好的問題。

你買一件衣服追求的可能是品質，而你的朋友買衣服追求的是時尚感，誰對誰錯呢？實在無從判斷。而你卻因為朋友沒有認可你的選擇，而覺得自己追求的

東西是壞的，這不是很奇怪嗎？這就好像有的人在婚姻中看重物質基礎，有的人在婚姻中看重陪伴與溫暖，沒有誰是錯的，只要你知道自己要的是什麼，並努力得到渴望的東西，就可以獲得幸福和滿足。

你當然可以認同別人的人生觀、價值觀，但問題是你無法認同所有人。妳的父母認為從工作中獲得保障是好的，妳的另一半認為一個女人放棄工作回歸家庭是好的，妳的孩子認為有一個事業有成的模範媽媽是好的，**如果你沒有辦法堅定自己「好」的標準，就會在身邊人五花八門的判斷標準中痛苦不堪。因為你無法滿足所有人對「好」的判斷，無法獲得所有人不同價值觀下的認可。**

認可，只是因為你滿足了他們

如果只是人生觀、價值觀不同，事情還沒有那麼糟糕。最可怕的是，絕大多數人之所以認可你，和他的價值觀並沒有什麼關係，他認可你的唯一原因只是你滿足了他的需要。

妳聽父母的話嫁給了一個忠厚老實的男人，就滿足了父母對於安全感的需要，減輕了他們的焦慮感，於是他們誇妳是個好孩子。然而，忠厚老實的男人就是比聰明能幹的好嗎？不見得。父母之所以認可妳的行為，只是因為妳滿足了他們的需要。

你每天加班工作到深夜，就滿足了老闆對於擁有一個能幹員工為他創造利潤的需要，於是他給你開一個表彰大會，將你評為模範員工。然而，沒日沒夜加班是人生的意義嗎？不見得。老闆之所以認可你的行為，仍然是因為你滿足了他的需要。

如果你的需要與別人的需要一致，倒也無可厚非。但是如果你一味地追求這種認可，而忘記了自己的判斷與需要，則會陷入一種被動又可憐的境地，陷入他

人用「認可」為誘餌設計的圈套。

反過來說，一個人之所以沒有給你想要的認可，往往和你做得對不對、好不好沒有關係，你只是沒有滿足他的需要而已。如果你非要得到他的認可，那就太傻了。

生死攸關的認可：沒有認可，我活不下去

上面所說的道理並不難懂，但是一個討好者懂了這些道理就能停止自己的討好行為，不再病態地追求他人的認可了嗎？事情並沒有這麼簡單。

走不出的「認可循環」

人一旦開始透過做別人期待自己做的事情去討好，就會陷入一個可怕的惡性循環。就好像一個人因為身材而焦慮，因為焦慮而進食，因為進食而變胖，因為變胖而更加焦慮，從而吃下更多的東西來緩解焦慮一樣。**當你為了得到認可，不斷地去做應該做的事情，而不是自己想做的事情時，你首先會喪失自己。而你在喪失了自己之後，就會很自然地感到自卑，而越自卑就越需要認可，越需要認可就越會去做別人認可的事，從而難以自拔。**

即便你知道別人在透過認可你而滿足他們自己的私欲，知道「好」沒有唯一標準，知道自己是在道德綁架自己，你仍然沒有勇氣從這個循環中走出去，因為這真的太難了。

透過不斷地活在他人的意志裡，你會產生一種關於自己的不確定感。你在專業的選擇上聽從了父母的話，你在買衣服的選擇上聽從了朋友的建議。你過著父母價值觀支配的生活，穿著朋友審美觀指導的衣服，這會讓你在需要自己做選擇的時候，感到非常迷茫和恐懼。**「什麼是我堅持的價值觀？」「什麼是我的風格？」你不知道。**這份恐懼足以輕鬆地將你壓倒，把你趕回讓別人不斷為你的生活負責的模式當中去。為了消除這份不確定感，你不得不去別人那裡弄清楚自己到底該怎麼做，從而更加需要別人「認可」你的行為，為你的行為「背書」。

在這種恐懼、無奈、迫切與痛苦之下，討好者甚至生出了一種聲嘶力竭之感，似乎沒有得到認可，自己就活不下去了。

關於「認可」的神話

另外，童年的經歷也常常讓你將「認可」神化。**你以為「認可」是空氣，沒**

有了它就活不下去，其實「認可」只是一幅裝飾畫，是可有可無的存在。

這就好像有一天你走在大街上，看到一個人正把一顆雞蛋放在高高的石階上，而自己跪倒在雞蛋前，異常虔誠地頂禮膜拜，你一定覺得這個人瘋了，畢竟那只是一顆雞蛋而已。

如果你走上前去，問這個人為什麼要如此崇拜一顆雞蛋，他可能會告訴你：「五百年前，我的祖先差點餓死，正是在草叢裡發現了一顆雞蛋，他才活了下來，這才有了生命的延續，有了我，你說我能不將它奉為神明嗎？噓！你不要說話，我正在專心聆聽雞蛋給我的啟示。」聽了他的話，你稍稍能夠理解他的行為一些了，但是仍不免嘀咕：「人不忘本是好事，可是這個人做的會不會太超過了一些。」

然而，你對於「認可」的執著，和這個「雞蛋崇拜」的人其實並沒有什麼不同。**小時候，你並不明白這個世界的規則，所以需要父母、老師以及權威透過認**

可告訴你什麼是對的，透過不認可告訴你什麼是錯的，不然你就無法學習到重要的社會規則，並融入社會得以生存。這個時候你就好像那個沒有雞蛋就會餓死的祖先，極其需要「認可」這顆「蛋」來幫助你。而現在你長大了，已經有了自己的判斷能力，但是你的部分心智仍然停留在了「遠古」時期，只記得「認可」這顆「蛋」生死攸關，於是你將「認可」放到了高高的石階上，匍匐在它的腳下，親吻它的腳趾，甘做它的奴隸，這是不是也太超過了一些呢？它只是一顆叫作「認可」的「雞蛋」而已。

病態追求認可的結果：喪失自我，與成功絕緣

雖然你挖空心思追求著「認可」，你真的得到過這種東西嗎？捫心自問你會發現，並沒有。你犧牲了自己的需要，不斷做著別人期待你做的事情，然而你關

於「認可」的需要卻從來沒有真正被滿足過，這是為什麼呢？

既怕輸，又怕贏

人生最痛苦的兩件事無非是「渴望不可得」與「所得非所愛」，而討好型的人透過不停做別人期待自己做的事，成功將以上兩種情形占滿了。一方面，自己想做的事情不能做，另一方面，自己不想做的事情非要做。就好像你心愛的女子近在眼前，你卻不得不和父母讓你娶的人過日子一樣令人惱火。

更令人難受的是，這樣的狀態並不是別人逼你的，而完全是你自己選擇的。如果別人逼你做自己不喜歡的事，你還可以反抗，但如果這是你自己強迫自己做的，你要怎麼反抗自己呢？**於是，一股強大的憤怒在你的胸腔裡遊蕩，越積越多，並且無處釋放的攻擊性讓你痛苦不堪。**

在這樣的狀態下，你是無法獲得成功並在真正意義上得到自己與他人的認可的。因為首先，「熱愛」是做成一切事情的基礎，只有你愛一個人才會願意和他解決生活中遇到的問題，從而擁有親密深厚的關係。只有你愛做一件事才不會被挫折嚇倒，從而持續嘗試並取得成果。**而一個討好者做的永遠是別人熱愛的事情而非自己熱愛的，又如何能擁有熱情與堅持，並取得成就呢？**

其次，人的心智處理事情的能力是有限度的。比如，你雖然可以同時聽廣播和做菜，但是卻很難聽得仔細，否則就很容易將菜燒焦；你雖然可以一邊進行科學研究一邊想你的同事關係難題，但這麼做卻很可能讓你的科學報告出錯。**當你的心智被「討好」的痛苦占據著，你將沒有精力做好其他任何事情。**

最後，你因不得不做一些事而產生的憤怒無處釋放，不斷壓抑的攻擊性變成了可怕的魔鬼。你怕這些魔鬼跑出來，所以迴避掉了所有攻擊性的表達。但攻擊性是帶動人生前進的重要動力，「成功」本來就是一件充滿攻擊性的事情，如果你只是壓抑，**就永遠只能做一個「需要別人認可才能行動」的討好者，而不是「被別人認可成就」的成功者**。從而陷入既怕得不到認可又怕得到認可，既怕輸又怕贏的痛苦狀態裡。

權力與責任是對等的

除了上面提到的幾點之外，還有一個讓你與「成功」絕緣，並無法獲得真正意義上的認可的原因，就是「不負責任」。

妳可能會說：「不負責任？你說我無能也好，軟弱也好，我都能接受。但是你說我不負責任，我是不同意的。我是多麼負責任的一個人呀，我為父母負責任，所以做著他們期待我做的工作；我對家人負責任，所以要求自己必須每天給丈夫準備晚餐，利用一切時間陪伴孩子。你怎麼能說我不負責任呢？」**妳的確對身邊**

的人都很負責任，但是妳對自己負責任了嗎？

我們前面說過，很多討好者向別人要「認可」，是想要他人與自己共擔風險的一種表現。拋開這點不談，一會兒活在父母的意志裡，過父母希望你過的人生；一會兒活在朋友的意志裡，做朋友希望你做的決定；一會兒活在另一半的意志裡，成為他希望妳成為的自己，那麼你在哪裡呢？**這就好像一個人今天想當工程師，明天想當廚師，後天又想做藝術家一樣，最終只會因為不知道自己到底想要什麼而一事無成。**

權力與責任是對等的，只有你對自己的存在負責，才能擁有過好自己生活的權力，才能創造屬於自己的快樂與痛苦，並擁有獨一無二的美妙人生。

討好一個幻影

更重要的是，如果你真的會「討好」一個人，本質上也是一種能力，照樣可以讓你功成名就。但是當你做別人期待你做的事情的時候，對方真的滿意了嗎？你真的討好到對方了嗎？答案仍然是沒有。

雨佳想換一份工作，卻因為父母說二姑姑家的妹妹創業失敗、不懂事而退縮了，她認為父母的意思已經很明顯了，辭掉安穩的工作就是不懂事，不聽父母的話就要吃虧。然而，她的父母真的這樣說了嗎？並沒有。雨佳只是想當然地認為，父母一定不會同意自己的選擇。**父母親口說「你換工作就是大逆不道」和「我就是知道父母會這樣說」是完全不同的。**這就好像一個人親身經歷了地震，和聽網友說「根據可靠消息，明天一定會地震」是完全不同的兩件事。

如果你勇敢地說出：「我現在做的工作讓我覺得很沒有意思，我想換一份更有挑戰性的工作。」你很可能會發現，父母雖然有些擔心焦慮，但是大體上還是理解你的。而如果你只是不停地做你認為父母想要你做的事情，**你討好的就只是自己內心的一個「幻影」罷了**，就好像「明天要地震」的流言一樣，除了造成焦慮與恐懼，無法給生活帶來任何幫助。

你聽老闆表揚了一個總是加班的同事，就認為老闆在說：「你也應該每天加班，不然就是工作不積極。」然而老闆真的這樣說了嗎？他有告訴你：「你必須每天加班，不然我就要扣你的工資！」他說這樣的話了嗎？你可能會說，他就是這個意思呀。然而，我們沒有辦法真的知道對方是什麼意思，你的老闆可能只是看到一個員工經常加班，又不想給他漲工資，所以就口頭表揚一下呢？討好內心的一個幻影，**這就是為什麼你做了很多，別人卻毫不領情的原因**。

所以，別將「應該做的事情」想得太理所當然，在沒有充分溝通前，你永遠不知道對方需要的是什麼。

換個思路找認可

說了這麼多，我並不是想要告訴你追求「認可」是錯誤的，「認可」就好像「愛」、「支持」、「安全」一樣，是每個人都需要的東西，追求它無可厚非，重要的是知道如何正確地去獲得它。君子愛財，取之有道，只有你滿足自己的方式對，結果才會對。

方法1：你需要的認可，可以自給自足

說到認可，我們第一個想到的就是從他人那裡獲得。**然而從他人那裡獲得認可，實在是一件很靠不住的事情。**就好像你想要別人愛你一樣，即便你對其千般好萬般好，對方仍可能看你不順眼。也就是說，別人喜不喜歡你、認不認可你，

這是你無力左右的事情，你無法讓上了年紀的父母重新學習如何鼓勵孩子，無法讓身邊的朋友學習溝通技巧去讚美你。那麼你需要的認可從哪裡來呢？答案是你自己。

依靠別人獲得滿足是孩子的狀態，而成年人是需要學會自我滿足的。就好像小時候你需要父母滿足自己對於食物的渴望，而現在你能夠自己養活自己一樣。

那麼我們要如何滿足自己對於認可的需要呢？

學會自我認可，不吃「嗟來之食」

與其向別人「討」認可，不如學會認可自己，這是我們可以控制的事情。比如，你最近在透過健康飲食減肥，如果你和媽媽說了這件事，她一定會告訴你：「減什麼肥，身體健康最重要。」這會讓你備受打擊，甚至失去繼續嘗試的動力，畢竟減肥不是一件容易的事。所以，你要學會認可自己的行為，「我已經按照食譜堅持一個星期了，真有毅力！這是我現在能夠想到的實現變瘦目標的方式，我應該繼續堅持一段時間試試。」**每個人都需要透過認可獲得動力和信心，別人給不了你的，你可以自己滿足自己。**

進度可視化，時刻收集有力「證據」

認可不是一句「你真棒」的心理按摩，你需要「證據」證明自己的能力。而什麼是認可一個人最強有力的證據呢？很多人都說是結果！其實不是的，你得到了一個好的結果可能只是因為你幸運、因為你的起點高，有時並不能說明什麼問題。**而只有「過程」是你不可否認的能力，你透過自己的不懈努力，看到事情在一點一點起變化，這才是有意義的東西。**

所以，為了滿足自己對於認可的需要，你可以將事情的進度可視化。比如，雨佳想要換一份工作，如果她將這件事情變成一次來自父母的審判，父母認可則可行，父母不認可就不可行的話，她就在被父母的「認可」控制著，並形成一種自己很無力而父母很強大的錯覺。但是如果雨佳可以在「審判」前自己先收集好「我很強大」的證據，一切就會變得不一樣。

雨佳可以將換工作這件事變成一張圖表，用一個長方體來表示整體進展，當她每次為這件事做出一些努力或者取得一些結果的時候，就將長方體的一部分塗上一種美麗的顏色。雨佳為了新工作考取了一個證書，於是她用紅色的筆為長方體塗上一段顏色。雨佳透過自己的努力真的找到了一份工作，於是用藍色的筆給長方體再塗上一段顏色。

這個時候，雨佳就會看到自己是多麼有能力勝任這份新的工作，即便父母宣判了她的選擇「不成熟、不懂事」，她也已經有了充分認可自己的「證據」，不會再被別人的想法左右了。

情緒在說話：「快從樹上下來，魚不在這裡！」

你一定聽過緣木求魚的故事，孟子說齊宣王心懷擴大疆土、統領四方的目標，現實中卻安於享樂，就好像爬到樹上去抓魚一樣。到樹上去抓魚，實在是太好笑了，真的有人會這麼做嗎？當然，討好者就是這樣做的。

從本質上說，**你之所以這麼需要認可，無非是因為當別人認可你的時候，你會感受到喜悅、滿足、幸福**。也就是說，你渴求的並不是一個人用他的器官「嘴」發出「你做得很好」這樣的聲音，你需要的是一種美好的感受。然而你是怎麼做的呢？

如果你留心自己透過討好去獲得他人認可時的無力感、焦慮感、迷茫感，你就會知道問題出在哪裡。因為你會發現，之前的自己一直在緣木求魚，**你想要的東西是喜悅，而你卻在討好別人的痛苦中尋找它，如何會有結果呢？**

所以，去正確的地方尋找你渴望的認可吧。毛姆說：「任何瞬間的心動都不容易，不要怠慢了它。」情緒是我們的朋友，如果你想要認可，仍然要去它在的地方尋找。

你需要去留心自己考試通過、找到工作、有效率地完成任務時的成就感、力量感、愉悅感，只需要這樣做你就會發現「認可」已經發生了。你已經獲得了你需要的東西，美好的感受，而不是執著地需要一個外在的人表揚你幾句。

方法2：從「我應該做」到「我想要做」

你之所以總是活在別人的期待裡，一個很重要的原因在於，**當你面對選擇的**

時候，總是把「我應該做」作為優先級更高的選項。

週末你想要在家睡個懶覺，可是你應該去朋友那裡幫她搬家，既然後者是應該做的，那麼你就選它好了。你想做一份更有趣的工作，可是你父母希望你生活安穩，這是應該做的事情，所以你選擇了後者。妳下班後想要和朋友去吃個飯聊天，可是回家為家人做好晚飯是一個好妻子應該做的，怎麼可以不去做呢？這就是你腦海中自動運行的程式，讓你一次又一次做出了「對」的選擇並深感痛苦。

所以，為了改變這個困境，是時候升級一下你的「選擇程式」了。從現在開始，無論你面對什麼選擇，請讓自己選擇「想要做的」試試看。不必一上來就將「新程式」應用在人生至關重要的選擇上，可以從小事做起。如果你不知道該吃想吃的紅燒肉，還是該吃健康的沙拉，那麼就選紅燒肉好了。如果妳不知道該買自己喜歡的裙子，還是老公喜歡的款式，那麼就買自己喜歡的好了。如果你不知道應該和有趣的人交朋友，還是應該和「有用」的人建立關係，那麼就選有趣的人好了。開始的時候你可能會覺得有些困難，需要很強的意志力來適應，但隨著時間推移，你會越來越容易做出「做想做的事情」的選擇，因為你已經發現，做想要做的事情不是任性，也沒有想像中那麼危險，與之相反，你會感到越來越喜悅、越來越自由，越來越享受這種美妙的體驗。

在這裡，我也想將自己很喜歡的英國作家王爾德的一句話送給你，「過自己想要的生活不是自私，要求別人按自己的意願生活才是。」做你自己吧，這樣才不會讓別人因為你的討好陷入「自私」的卑劣。

學習筆記

✸核心討好型問題：做別人期待的，而不是自己想做的事情。

✸主要表現形式：希望自己做的每件事都可以得到身邊人的允許與認可。

✸這是因為——

- 不願意承擔責任：厭惡風險，希望別人為自己的行為負責。
- 對自己「道德綁架」：用極高的標準要求自己的每一重身分。
- 未被發覺的執念：得不到認可就是我沒有做好。

✸直接後果：喪失自我，與成功絕緣。

✸這意味著你需要——

- 學會滿足自己對於「認可」的需要。善於使用自我認可、進度可視化、情緒察覺等方式。
- 升級大腦的「選擇程式」。選擇想做的，而不是應該做的。

第六章

CHAPTER.06

停不下來的微笑

所有認識雅楠的人都會說，她的性格真好，因為不管什麼時候，她的臉上總是帶著溫暖的微笑。

雅楠曾經也對自己掌握了高超的「微笑技能」而感到滿意。小時候她不太會交朋友，經常形單影隻地在操場上遊蕩，這令她感到寂寞和孤單。於是聰明的雅楠開始觀察，那些擁有很多朋友的同學們是如何收穫友誼的。後來她發現，班裡最受歡迎的女孩子的臉上有著從不落幕的笑容，於是雅楠開始嘗試對每個人微笑。

學生時代，她在走廊裡努力尋找著同班同學的臉，當其他女孩迎面走來的時候，雅楠就趕緊對她們微笑。遇到認識的、不認識的老師，她也趕緊提起嘴角，再加上一句「老師好」。令雅楠驚喜的是，她在學校裡的日子好過了起來，慢慢擁有了屬於自己的朋友圈。

長大後，微笑變成了一種本能。雅楠會在公司裡對每一個目光交會的人微笑，認識的、不認識的，熟悉的、不熟悉的都是如此。回到自己住的公寓社區，雅楠也會主動對保全人員、清潔阿姨微笑，生怕錯過了任何一個展示笑容的機會。

開始時，雅楠覺得還好，一方面，微笑是社會接納的行為，向同事微笑代表自己有禮貌，對保全人員、清潔阿姨微笑顯得自己有修養。另一方面，過去的經驗告訴雅楠，想要與別人建立關係，微笑是個不錯的方式，親測有效，需要堅持。

但是雅楠逐漸發現，微笑給自己帶來了很多困擾。比如，自己向一個同事微笑，對方卻不知道是因為沒有看到還是什麼原因，根本沒有回應自己，這就會讓雅楠覺得很不舒服。她會想：他為什麼沒有回應我的善意呢？是我做錯了什麼嗎？她會對身邊的人懷有敵意：這個人為什麼這麼討厭，連回應別人一個微笑都不會嗎？她還會陷入矛盾：下次我還要對他微笑嗎？

以上種種都讓雅楠感到不安、恐懼、憤怒、矛盾，她的內心長時間被痛苦占據著。一個簡單的微笑，變成了內心的衝突與生活中的麻煩，這讓雅楠不禁懷疑，自己的微笑錯了嗎？到底是哪裡出了問題？

關鍵字 安全感

討好的你之所以總是微笑，並不是因為你感到愉快，與之相反，恰恰是因為你覺得不安。當小時候的雅楠走在操場上，卻沒有一個朋友的時候，她感到的不僅是孤身一人這一事實帶來的寂寞，更是因為沒有人對自己友善而產生的恐懼感。在她看來，學校裡的每個人都對她充滿了敵意，不然他們為什麼不和我交朋友呢？為了緩解這份不安全感，雅楠學會了微笑。

幸運的是，雅楠最終收穫了友誼，而不幸的是，雅楠的內心從未真正感到過安全。就好像一個人快要餓死了，於是努力勞動換取食物一樣，她的確獲得了食物，但是只要自己停下來就會餓死的恐懼從沒消失過。

不安全的世界：面對危險的世界，弱小的我只能微笑

你知道猿類也會微笑嗎？生物學家發現，人類不是唯一會「微笑」的動物，當群體裡地位較低的猿類受到攻擊和威脅的時候，牠們也會露出和人類非常相似的「微笑」表情，這是一種恐懼與求憐憫的表達，意思是：「老大，我很順從，全都聽你的，你不要打我！」

而作為猿類的近親，當你對別人微笑的時候，表達的意思其實大同小異。

我很順從，你能不能對我友善些

如果你留心自己的微笑就會發現，你向別人微笑並不是因為你的道德修養

好，而完全是一種示好的行為。雅楠走進公司，並感到一絲壓力與不安，因為同事中高手雲集，有的人能力超群，有的人背景過硬，而自己呢？只是一個初出茅廬的小女孩。於是，她對看到的所有人都露出微笑，也就是對每一個人說：**「你看，我既無害又聽話，你千萬不要把我當成強大的競爭對手，處處與我為難。只要你不為難我，我一定聽你的，什麼都不和你爭。」**

甚至當她回到居住的社區，仍然會感到焦慮與不安，在自己不在家的時候要靠門口的保全人員來確保家中安全，要靠清潔阿姨保持環境的整潔。她認為這些人是「小鬼難纏」，會「差別待遇」，要是不向他們示好，他們就會讓自己不得安生，不好好幫自己留心是不是有陌生人在自己家門口鬼鬼祟祟，不好好打掃自己家門前的衛生。於是，她對「為自己服務的人」露出了微笑，也就是對他們說：**「你看，雖然我是你們的僱主，但是我向你們示好，你們千萬不要在背後搞小動作傷害我。只要你們不攻擊我，一切都好說。」**

世界很危險，我很早就知道

我不知道你有沒有發現，「討好者」多少帶著些「被害妄想」的意思。身邊的每個人都帶著惡意、世界充斥著危險，這個底層認知非常關鍵，它是你每一次「微笑」的原動力。

這個認知是從哪裡來的呢？我們一般認為，安全感建立的關鍵期在童年。當一個孩子離開母親探索世界的時候，正是他建立安全感的機會。主要撫養者能不能鼓勵孩子探索外界，孩子在探索外界遇到困難的時候主要撫養者如何處理，孩子探索世界累了的時候主要撫養者是否還在，這些都非常關鍵。

你可以想像一下，如果一個母親限制孩子探索世界，孩子想要摸一下鼻涕蟲，她說：「不行，有病毒。」孩子想要和朋友一起玩，她說：「不行，那個孩子的父親是酒鬼，我們要避而遠之。」孩子自然會認為世界很危險。與之類似，如果孩子在探索世界的時候遇到困難，比如，因為去野地裡玩而感染了細菌，與朋友的關係出了問題，母親卻說：「早告訴你不要去那裡玩，會生病！」「早告訴你不要與他交往，他會傷害你！」孩子就會認同父母關於「世界很危險」的觀念。同樣，如果當一個孩子探索世界累了，回過頭來發現媽媽不見了，他也會認為「世界很壞」，自己和世界打交道以至於讓媽媽消失了，難道壞的是媽媽嗎？不可能，只能是危險的世界！從而產生強烈的不安全感。**這份不安，如果不加處理，將會伴隨你的一生。**

為了消除這份不安，你對每個人微笑，希望獲得一種非常卑微的安全感。然而，這真能解決問題嗎？你透過微笑與討好，將自己放在了一個弱者的位置上，而一個弱者怎麼能體會到周圍世界的穩定，感到強大帶來的安全呢？你傳達的信息是：「我很好欺負。」別人自然會合你心意地「欺負」你，這又會加強你「別人很壞很強大」的信念。

我只是擁有一種令人愉悅的好性格而已

然而，你很難自己發現這一點，很難將人生的痛苦與「停不下來的微笑」聯繫起來。因為「微笑」是被社會允許或者說倡導的一種行為。

我們希望去超市買菜時看到的是店員的微笑，而不是一副「愛買不買」的臭樣子。希望向別人請教一件事情怎麼做的時候，受到對方面帶微笑的指導，而不是盛氣凌人的眼神。希望回到家裡看到的是家人愉悅地嘴角上揚，而不是唉聲嘆氣的樣子。這就給了你將微笑「合理化」的一個機會，雖然微笑帶著弱者的恐懼、示好的屈辱，但是你告訴自己，「微笑」是對的，「微笑」是好的，有修養的人懂得微笑，每個人都喜歡面帶微笑的人，我只是擁有一種令人愉悅的好性格而已。

然而，你錯了。微笑可以是一種態度，但它不該是一種性格。作為一個服務人員，你可以將微笑作為你的職業素養；作為一個母親，你可以將微笑變成一種愛的表達；甚至作為一個社會人，你可以將微笑作為一種社交手段。但是你不該將微笑變成你的性格，一個人是有喜怒哀樂的，如果你就是微笑、微笑就是你，那麼你就不再是一個完整的人了。**也就是說，如果你可以主動選擇微笑，那麼微笑就是你的技能，的確是你的好修養的表現，但是如果你只能被動地微笑，不討好你就會失去安全感，那麼你就成了微笑的奴隸，只能被奴役並深感痛苦。**

最卑微的安全感：我是無害的，你別攻擊我

在「外界很危險而我很弱小」的潛意識信念之下，討好者的「攻擊性」表達一定是嚴重受阻的。這就好像一個手無寸鐵的人在森林裡遇到了一隻黑熊，在這份力量的懸殊之下，沒有人會去向黑熊表達自己的攻擊性，並自取滅亡。然而經

典的精神分析認為，攻擊性與性衝動是人與生俱來的本能，如果得不到滿足，沒有一個投注的對象，人就會出現心理問題。例如，很多憂鬱症就是因為一個人攻擊性表達不暢，不得不向內攻擊自己造成的，而自殺就是自我攻擊的極端形式。討好者雖然不至於走到這個地步，但是也會因此產生諸多的心理問題。

你是老大，我不敢攻擊你

一個討好者是不敢攻擊任何人的。不要說直接與別人發生爭執，公開反對他人的觀點，即便只是鋒芒畢露地展示自己，讓對方感到你是一個有競爭性的對手，或者讓他人看到你的優越性，都會讓你感到很不安全。

一方面，你會擔心對方的報復。如果沒有用微笑告訴同事你很無害，你就會想：「對方會不會感到壓力與攻擊，並在工作上為難我呢？」如果沒有用微笑告訴商場裡的收銀員，「我姿態很低，我不敢攻擊妳」，對方會不會覺得你的高姿態攻擊了她，並因此生氣而不給你好臉色呢？

另一方面，你害怕他人的嫉妒。如果你真的透過競爭來表達你的攻擊，並獲得了很好的結果，比如，更高的職位、更多的收入，同事們會不會因此而嫉妒你，並產生很多可怕的想法呢？

種種的聯想令你深感不安，於是為了不面對他人的刁難、不看他人的臉色、不遭受他人的嫉妒，你用微笑告訴全世界：「你是老大，我不敢攻擊你。」

被誇大的「攻擊力」

當你這樣做的時候，你會進一步誇大「攻擊性」的殺傷力。

被壓抑的需要不會消失，只會愈演愈烈。一個人罵了你一句，你很生氣，想要罵回去。這時「別人很強大，我很弱小」的基本信念就出現了，它說：「不要這樣做，你罵回去他會殺了你的，快點用微笑去討好。」一個人端著一副臭臉和你講話，你很不滿，想要扭頭就走，「別人很強大，我很弱小」的基本信念又出現了，它說：「不要這樣做，他會生氣並報復你的，你可受不了，快用微笑去討好。」於是，一次又一次，你將自己的攻擊性壓抑下來，可這些攻擊性沒有消失，而是在你的內心越積越多，甚至到了快要控制不住的地步。

本來和別人爭執幾句、表達一下不滿都是非常小的事，但是因為壓抑，現在你內心的攻擊性已經像一顆原子彈一樣威力巨大了。這就好像食欲本身是很正常的東西，餓了吃點東西就緩解了，但是如果你長期節食，食欲無法滿足的話，你就會產生暴飲暴食的念頭。**你透過自己去認識世界，既然我內心的攻擊性如此可怕，那麼別人的攻擊性一定也是如此。**於是你感到外界更加可怕，並進一步壓抑了自己的攻擊性。

然後，憂鬱、焦慮、情緒低落、頭痛、失眠等問題出現了，這是你攻擊不了別人而不得不攻擊自己時，身體發出的聲嘶力竭的呼喊。

你的攻擊毀滅不了世界

為了免受自我攻擊之苦，除了表達攻擊性之外實在是沒有其他更好的辦法。**一方面，你需要掌握「罵回去」的技能。**雖然別人打你一拳你也打他一下是社會秩序不允許的，但是別人罵你一句你罵回去還是可以的。這就需要你充分地意識到自己的攻擊性和別人的攻擊性都沒有你想得那麼可怕。

一個人因為與別人發生口角，於是被另一個人殺了的事件，是要上新聞頭條的，生活中少之又少。**你和別人大聲說幾句話，一個正常人是不會因此記恨你一輩子，天天惦記著報復你的。你攻擊別人一下，世界也不會毀滅，頂多是兩個人**

難受幾天。幾天之後，親密的人再次回歸親密，如果有人真的因此和你絕交了也不用太遺憾，這樣的關係早晚要破碎，本就不值得你珍惜。要知道，表達憤怒與不滿也是一種交流的手段，當你能「罵回去」的時候，其實可以讓對方更懂你。

另一方面，「攻擊性」的表達不只「罵回去」一種，我們可以透過在規則中競爭來昇華我們的攻擊性。取得成就、獲得認可，都是攻擊性表達的管道。就好像一位母親因為失去了孩子而痛心不已，不是非要每天淚流滿面才能排解，也可以透過創作一首關於孩子的歌來昇華和表達悲傷一樣。

當然，我知道，討好的你可能連這樣的昇華也不允許自己表達，只要有競爭就會有傷害。如果我贏了，對方就會受傷，對方受傷就會報復我、嫉妒我、不愛我。而如果我輸了，我就會自我攻擊，覺得自己什麼都不行，深感挫敗。所以我拒絕這樣的表達。

其實你可以換個思路去看競爭，不要將它看作一個你死我活的戰場，你之所以這麼想可能正是因為你積壓已久的攻擊性在作怪。**與之相反，你可以將競爭看成一個自我超越的過程，一個成為更好的自己的過程，如果你在這個過程中成就了更好的自己，那真的很好；如果沒有，原本的自我也非常好。**這樣，你就可以不再被內心想要攻擊的魔鬼控制，不帶負擔地為你的攻擊性找到一個被社會允許的、能夠讓自己不斷成長的美好出口了。

「微笑」的苦果：追求安全，卻活在無盡的焦慮裡

如果說付出努力卻得不到回報是最令人深感挫敗的事情，討好者可謂是最熟悉這種痛苦的人了。你不斷地用微笑去討好別人，無非是想要獲得一點點的安全感，可是你獲得了嗎？並沒有，不僅沒有獲得，你還在變得越來越沒有安全感。

法律不維護「微笑公平」

當你對別人微笑的時候，所求的東西其實並不多，不過是希望對方也能回應你一個微笑而已。換句話說，你希望透過微笑告訴別人：「我很順從，不要攻擊我。」並期待對方也能透過微笑告訴你：「我也很順從，我們誰都別欺負誰好了。」這會讓你感到非常舒適且安全。實在不行，如果對方能夠透過微笑告訴你：「你的示弱，我看到了，既然你這麼聽話，我就不難為你了。」這也是好的。

但是如果對方沒有回報給你微笑和善意呢？**如果對方看到你的微笑之後心想：「我正在找一個軟弱的可憐蟲任我欺負，他竟然告訴我他就是，真是得來全不費工夫。」這要怎麼辦呢？**更何況，當你給予每個人微笑，不加篩選地對每個人都表達善意的時候，發生這類事件的機率就是非常大的。

你能去法院告他在你給他一個微笑之後他沒有回應你微笑嗎？沒人受理這種

案件，你只能自認倒楣，**沒有人為你的不安全感而伸張正義，而這又會加深你的不安全感**。

「弱者」的世界裡，從沒有安全可言

況且，你做什麼就會成為什麼。你種水果並運到市場販賣，你就會成為果農；你每天烤麵包送給窮人，你就會成為慈善家；而你對每個人微笑示好，你就會成為「弱者」。沒有人逼迫你這樣做，是你自己將自己放在這個位置上的。

然而，「弱者」怎麼可能具有安全感呢？這個道理太簡單了，面對危險的時候，一個人手中如果拿著槍，那他就是一個強者，他是有安全感的。而如果一個人手無寸鐵，只能苦苦哀求對方不要傷害自己，那麼他永遠都是不安的，因為他的命運掌握在別人手中。討好者也是如此，**如果自己是否能夠感到安全，完全要**

看別人的心情好不好，是否能給你一點善意，那麼安全感這種東西就永遠不可能擁有。

更何況，如果你不停地透過微笑鞏固自己「弱者」的身分，你就很難掌握「強者」的手段。比如，雅楠透過微笑在公司裡過著與世無爭的生活，不與別人競爭、不惹別人嫉妒，但她同時也失去了讓自己變成一個有能力的人的機會，失去了讓自己成為不用討好也能立足的「強者」的機會，**最終她只會發現，微笑營造的虛假的「安全感」禁不住一點點考驗，作為一個「弱者」她永遠任人宰割。**

藏在「趨同」背後，不會讓你更安心

在這份越來越強烈的不安全感之下，你會本能地去想一些方法自救。然而這就像是一個溺水的人在不停撲騰，一個身陷泥淖的人在強烈掙扎一樣，這樣做只會讓自己越陷越深。

一般來說，在「討好」也不能獲得安全感之後，你會投入另一項獲得安全感的活動之中，就是「與他人保持一致」。

如果你能和別人擁有情感、思想、行為上的一致，那麼你就不再是一個孤單而弱小的個體，而變成了一個強大的整體的一部分，這會讓你感到強大與安全。

於是你努力擁有著被劃定為「善」的行為方式：寬容大度、樂於助人、擁有遠大理想。你做著和別人一樣的工作，朝九晚五。你和身邊人有著差不多的休閒娛樂方式，看電影、購物、美食打卡。然後呢？然後你有了一種虛幻的「安全感」，而實際上你只是讓自己變成了一個可有可無的人而已。每個人都是樂觀向上的，多你一個的意義何在呢？一份每個人都可以勝任的工作，為什麼非要你來做不可呢？每個人都在談論的美食、電影，你真的發自內心感興趣嗎？大家都去電影院看過了，你的話題能比電影還吸引人嗎？

然後，你悲哀地發現，在追求安全的時候，你將自己變成了大海裡的一滴水、沙漠裡的一顆沙。對生活來說，你倡導著乏味，對安全來說，你製造著更大的不安全。

「安全感」裡沒有安全

然而，想要走出從「不安全」到「更加不安全」的惡性循環，遠沒有你想的那麼容易。因為「熟悉」是安全感的代名詞。

對每個人微笑示好的行為，認為「微笑」能為自己帶來安全的信念，將自己放在一個弱者的位置上的習慣，這些對你來說都是「熟悉的」，而熟悉的就是安全的，安全的就是好的。你本身已經很沒有安全感了，哪會鬆開這脆弱但可以救命的稻草呢？

這也是很多人在生活裡遇到了問題卻走不出來的原因。你舊有的行為模式造成了現在的問題，可是你願意改變嗎？**不願意，因為雖然用微笑去討好是痛苦的，但是你已經很熟悉這種痛苦了，可以駕輕就熟地處理它了。**改變看起來很美好，可是誰知道呢？討好的日子過了幾十年了，你突然讓我不對別人微笑了、不討好了，我的手都不知道往哪裡放了。就好像你苦哈哈地每天擺攤賣煎餅過了半輩子，是挺不容易的，但是突然讓你去當上市公司總裁，你會去嗎？誰願意去誰去，反正我不去，就是這個道理。

但是你要知道，**不斷地重複你熟悉的、感到安全的舊有行為模式，只會讓你的痛苦越來越深。如果你真想走出來，除了克服人性中追求熟悉感的天性之外，別無他法，而這樣做的勇氣，只有你能夠帶給你自己。**

向內發現你的安全感

如果你希望別人給你安全感，那麼你注定會感到不安全。如果你需要別人保障你的衣食住行並感到安全，你就會擔心如果他不再愛我了，他不養我了要怎麼辦呢？如果你需要別人時刻向你表達善意才能感到安全，你就會擔心如果對方態度惡劣、充滿攻擊性我要怎麼辦？別人愛不愛你、別人經常微笑還是喜歡罵人，都不是你能控制的事情，如果你依賴這些，只會讓你感到失控與恐懼。

所以，安全感需要自己給自己。就好像一個女人當然可以依靠她的丈夫，但是如果她自己也能養活自己，則會感到更加安穩。一個人當然可以向別人表達善意，並期待別人回報以善意，但是如果對方就是充滿惡意，你也能兇狠地嚇唬他一下讓他「滾」，你則會感到更加有力量。

接下來，我將為你介紹幾個向內發現安全感的方法，讓你開始為自己的力量而深感安全。

方法1：挖掘「勇猛」的能量，讓勇敢成為你的一部分

在你改變用微笑去討好的行為模式的初期，你可能需要一些來自他人的幫助。就好像小孩子開始學騎自行車，需要有一個人幫忙扶著車一樣。那麼誰可以幫助你呢？

首先，找到一個舒服的姿勢，做幾輪深呼吸，吸氣、呼氣、吸氣、呼氣，你只是去觀察你的呼吸，不要刻意地改變或者控制它。當你感到自己的內心開始變得安定和清明的時候，你可以對自己說：「**我想要與勇猛的能量建立連接，我想要與勇猛的能量建立連接，我想要與勇猛的能量建立連接。**」

然後，在這種專注而放鬆的狀態下，問一問自己：在我的內心深處，誰是「勇

猛」的呢？可以是一個你認識的人，一個朋友、一位老師，也可以是一個歷史人物、公眾人物、電影中的人物，甚至它不需要是一個人，可以是一座火山、一塊大石頭。

當你選好了對你來說非常勇猛的這個存在之後，去找到一個身體的動作，將這個人物或者存在表現出來，**比如，高傲地雙手扠腰、挺胸抬頭，再比如，像李小龍一樣雙手握拳、身體前傾**，做出這個動作，並且感受到你也是你自己，在做出這個動作的時候你可以說出自己的名字，比如說：「我是我自己，我是雅楠！」直到你感覺到這個身體的動作能夠成為你對於勇猛的表達。

只要你每天堅持這樣做，你就會發現在這些勇猛的老師的幫助下，你逐漸找到了屬於自己的勇猛的力量。

千萬不要只是看一看，猶豫這個方法會好用嗎？然後又走回熟悉的舊模式裡面去了。以至於明白了很多道理、知道了很多方法，現實卻沒有任何改變。我想告訴你的是，只要你去做，就會發現這個方法有多好。

方法2：學會對自己說：「我受得了！」

你可能沒有發現，在面對「危險」世界時，**你其實一直在對自己說一句話：「我可受不了！」**

如果同事因為我嶄露鋒芒嫉妒我，在背後使壞，比如，向主管打我的小報告、不配合我的工作，那我可受不了。如果父母因為我的一句話生氣了，好幾天不給我打電話，我可受不了。要是朋友對我不滿，和我說幾句重話，我可受不了。於是你選擇了保持微笑，持續討好。

然而，你真的受不了嗎？同事打你的小報告又能怎麼樣呢？只要你有能力，在哪裡都能立足。同事不配合你的工作能怎麼樣呢？大不了自己做行不行。父母好幾天不給你打電話能怎麼樣呢？反正每次打電話他們也是不停嘮叨，落得耳根清靜幾天不好嗎？朋友對你說幾句重話能怎麼樣呢？一個人對你說「你怎麼這樣對我」，世界就毀滅了嗎？**地球不會毀滅，你也不會少一塊肉。所以事實是，你不是受不了，你完全可以受得了。**

那麼當你下一次又想要露出微笑，告訴身邊人「我很無害，你不要傷害我」的時候，對自己說：「我受得了！我受得了！我受得了！」然後你就會發現，一股力量感開始籠罩著你。當然，你也可以一邊說，一邊想著你「勇猛」的老師和代表，做出那個強有力的身體動作，幫助想要退縮的自己。

方法3：搭建資源庫，為心靈建立安全的港灣

當你逐漸學習從自己身上獲得安全感的同時，一定會遇到一些挑戰。比如，

遇到一個總是批評人的老闆，有一個說話很不委婉的室友，這都會讓你感到不安，並且非常想要透過熟悉的討好模式讓他們對你友善一些。

但是現在你已經知道，退回「微笑」模式並不能給你帶來安全感，可是你就是會感到很慌亂、很不知所措，很害怕與這些人打交道。如何才能穩住自己的情緒，堅決地去做對的事情，而不是屈服於不安全感而再次回到不理智的行為中去呢？**答案是為自己建立一個安全的港灣**。

每個人都會努力為自己找一個住所，不論是租房子還是買房子，我們都希望在夜幕降臨的時候能有一個安全的地方供疲憊的自己休息。我們還會努力為自己找一個愛人，可以在生病的時候照顧我們，在晚歸的時候為我們點一盞燈，讓我們緊繃的精神得以放鬆。那麼為什麼我們不能為自己的不安全感建立一個溫暖的港灣呢？

找到一個舒服的姿勢，體會雙腳踩在大地上的感覺，讓自己回歸自己的身體、呼吸，去聽一聽周圍有什麼樣的聲音，去看一看眼前是什麼樣的畫面，去感受一下空氣的溫度是怎樣的，當你感到一種安定與平和的時候，去想一下在你過去的歲月裡，哪一個回憶最讓你感到安全。

比如，夏天的傍晚躺在搖椅上聽外婆講過去的故事；比如，某一次你躺在草地上被綠色包裹的體驗；再比如，你成功拿到了大學錄取通知書，內心愉悅而充滿期待。不論是怎樣的回憶，都讓自己全然地去感受它。感受那個回憶裡都有什麼人、什麼東西，你聽到了什麼樣的聲音，有誰對你說了哪些話？

當你全然地體驗著這個回憶的時候，你可以想像自己將這個回憶變成了一個你很喜歡的小東西，一塊糖果、一枚鑽戒、一顆草莓，然後將這個東西、這個回憶放到你的口袋裡，讓它一直陪伴著你。

當你在給予自己安全感的路上遇到一些困難的時候，你可以停下來，閉上眼睛，想像著自己伸出手，去摸一摸口袋裡這個美好的小東西，去感受一下這份美

好的回憶，回到你為自己的不安全感準備的港灣之中。然後，你就可以繼續勇敢地走在改變的路上了。

學習筆記

* 核心討好型問題：停不下來的微笑。
* 主要表現形式：透過微笑討好，期望別人能給予善意的回應，以獲得安全感。
* 這是因為——
  - 「外界很強大，而我很弱小」的潛意識信念；
  - 攻擊性表達不暢，誇大了攻擊行為的威力；
  - 將「微笑」合理化為修養，對問題視而不見。
* 直接後果：追求安全，卻活在無盡的焦慮裡。
* 這意味著你需要——
  - 學會給予自己安全感，而不是依靠別人的善意。讓勇猛的老師來幫助你。

學會對自己說：「我受得了。」

透過美好的回憶，為自己建立一個溫暖的港灣，隨時與安全感連接。

第七章

CHAPTER.07

沒人見過我發脾氣的樣子

婉瑩是一個非常溫柔的女孩子，不論何時何地說起話來都讓人如沐春風。身邊的人會說，自己從未見過婉瑩發脾氣的樣子，甚至無法想像這個畫面。

婉瑩自己也幾乎體驗不到「憤怒」的感受，當別人問起她的性格為何如此之好的時候，她常常說：「我就是不會生氣呀。」

但是婉瑩有一個一直困擾她自己的問題，就是她會經常感到心中的惴惴不安和強烈的頭痛。她看了很多醫生，都沒有檢查出什麼實質性的問題，西藥也吃了、中藥也喝了，卻一直沒有效果。後來她接觸了心理學，開始懷疑自己心悸和頭痛的問題會不會是一種身心疾病，是心理和情緒導致的，於是她帶著「死馬當活馬醫」的態度，走進了心理諮詢室。

開始的時候，心理諮詢師告訴她：「憤怒」是每個人都有的情緒，她卻不以為然，心想：「我就沒有憤怒的感覺。」甚至懷疑這個心理諮詢師是不是不太行。

可是隨著不斷地探索，婉瑩有些不安地發現，憤怒的感覺，自己的的確確是有的，不僅有，而且還非常強烈。

比如，每次聯繫父母，父母都會埋怨她很少給家裡打電話。他們會說：「前幾天妳二阿姨過生日妳不知道嗎？也不會打個電話祝福一下。」之前婉瑩對此雖然會感到不舒服，卻會告訴自己，無論是懂事的孩子還是懂得人情世故的成年人，都是應該在親人生日的時候送去祝福的，父母說的話也有道理，並用理智將自己的感覺完全壓抑了下去。可是現在，婉瑩發現，當父母這樣說的時候，自己心裡有個一閃而過的埋怨：「小的時候我去二阿姨家，她連給我做一頓午飯都不願意，每天就是自己出去打麻將，我憑什麼要問候她！」甚至想：「我每天的生活這麼忙碌，哪裡能記得那麼多人的生日，你們如果覺得這件事情很重要，就提前提醒我一下嘛，為什麼非要等事情都過去了，無法彌補了，又來責怪我！」雖然婉瑩不願意承認，但是她知道這種感覺就是憤怒。

承認這一點讓婉瑩有一些恐懼，也有一些內疚。一方面，她發現自己的憤怒是這麼強烈，甚至有一些失控的感覺，這令她害怕；另一方面，她譴責自己怎麼能「忤逆」父母，這會不會太不孝順了？這些感受令她很不舒服，甚至想要再次縮回到沒有憤怒的狀態裡。

然而，正當她為這些新的體驗和變化而焦慮不安的時候，婉瑩突然發現，在自己能夠體會憤怒，並試著和諮詢師探討這種感覺的時候，她心悸的問題竟然已經很久沒有出現了，而頭痛發作的頻率和強度也都大大減少和減弱了。

關鍵字 **情緒壓抑**

婉瑩體會不到憤怒的感覺，並不是她真的沒有憤怒，而是因為她壓抑了自己的情緒。她覺得憤怒的感覺很可怕，一表達就會傷害別人，甚至覺得一個孝順的乖乖女不該生父母的氣。她用這樣的方式控制著內心可怕的野獸，保持著「好脾氣」的形象，以為這樣生活就會風平浪靜。卻沒有發現，她的身體在情緒的高壓下，已經不堪重負，正用病痛向她傾訴著痛苦。

我的情緒是頭猛獸：無法面對的混沌感

「憤怒」是討好者非常不願意面對的一種情緒，甚至很多人都會像婉瑩一樣，直接否認自己擁有憤怒的情感體驗。這是為什麼呢？

需要被束縛的野性

我們之前說過，攻擊性（憤怒）和性衝動（性欲）是每個人的核心驅動力，所謂核心驅動力，就是一種動物性的本能。而我們作為「文明人」，當然不好由著它們亂來。

以攻擊性為例，當我們是原始人的時候，別人搶了你的果子，你很憤怒，可以將他打一頓。而作為一個「文明人」你不能這麼做，他搶了你的果子，你要是把他打一頓，你就很可能會因此被警察帶走。不加控制的憤怒，很可能會給你自己的生活帶來無法預期的損失。一個原始人會在憤怒之下摔死自己的孩子，讓自己後悔不已，可作為一個生活在新時代的現代人，如果你一氣之下摔了自己的手機，損失也可能是很嚴重的，所以，控制憤怒是「文明人」非常普遍的行為準則。

而對於討好者來說，這種控制會更加嚴重。因為不要說將別人暴打一頓，就算別人搶了你的果子，你罵他一句混蛋，也會讓你因為感覺自己傷害了別人而內疚。即便你只是在腦海裡埋怨了一下別人，你也會譴責自己道德水準不高，說話過於粗魯，害怕自己的行為不被允許。**你生怕自己不受控制的野性會跑出來，傷害別人、毀滅世界、毀掉自己的生活。**

從未被接納過的情緒

然而，「憤怒」真的有這麼可怕嗎？難道只要你一生氣，就會產生令自己難以承受的後果嗎？顯然不是的。**你之所以如此地害怕自己的情緒，一個很重要的原因在於，從小到大都沒有一個人真正接納過你的情緒。**

你一定有過這樣的體驗，有時你突然感到一些情緒與不舒服，如果你能夠很快將它辨識出來，告訴自己：「我現在的感覺是不捨，一定是因為我要和最好的朋友分別了。」「我現在的感覺是委屈，因為我對她這麼好，她卻和別人說我的壞話。」那麼這種情緒就不會困擾你太久，你也不會害怕這種情緒。因為你知道每個人面對分離的時候都會難過，每個人被朋友背叛的時候都會傷心。

但是如果你不能將這種情緒辨識出來，不知道自己到底是怎麼了，不知道自己到底在為什麼事情感到不舒服，你就會非常困擾、寢食難安，甚至對於這種未知的情緒感到恐懼。

也就是說，如果在你成長的過程中，曾經有一個人能夠看到你的憤怒、接納你的情緒，告訴你憤怒很正常，幫你化解這種情緒上的未知感的話，你就不會覺得自己的憤怒像一頭野獸一樣可怕，你要把它牢牢地拴起來。

然而，你從未獲得過這些。小時候，你可能憤怒於親愛的媽媽要把你單獨一個人留在家裡出去工作，憤怒於朋友搶了你的玩具，你感到內心焦灼，不知道怎麼辦好。你多麼需要一個大人告訴你：「寶貝，你現在的這種感覺是憤怒，這很正常，每個人都會體驗到憤怒。」這樣你就可以不那麼恐懼於這份混沌的感覺了。但是事實上沒有人能夠滿足你的這份需要，媽媽告訴你的是：「我要上班呀，你怎麼這麼不懂事。」「和小朋友好好玩，要懂得禮讓。」**這讓混沌的憤怒在你的內心一直激盪了二十年、三十年，甚至更久。你從來沒有真正搞懂這種感受是什麼，更沒有真正地接納過這份情緒，於是它成了你永遠無法意識化、永遠未知的**

可怕領域，像一頭尚未被馴服的猛獸，隨時準備禍害人間。

接納你的情緒，早已不再是媽媽的責任

你可能會抱怨，為什麼我的父母這麼不會愛孩子呢？你可能會遺憾，自己早就過了被接納情緒的關鍵時期。但是你最應該問的是：現在該怎麼辦呢？畢竟你沒有辦法回到過去讓你的父母做一次育兒訓練，更沒辦法讓你頭髮花白的父母學習如何接納。

小時候，接納你的情緒、看到你的憤怒、告訴你這種感受很正常，這些是你父母的責任。當時他們做得的確不夠好，但是為了擺脫討好型人格的困擾，「審判」不能解決任何問題。即便你將「罪魁禍首」繩之以法，對於你的現實也不會有任何幫助。**你需要意識到，作為一個成年人，看到自己的憤怒並接納它已經是**

你自己的責任了。

所以，下一次，當你感受到一些莫名的情緒，耐心地問一問自己：「這是憤怒嗎？」而不是一下子否定它，認為憤怒這種東西自己並不擁有。當你透過觀察辨識出憤怒的情緒時，溫柔地告訴自己：「這種感覺叫作憤怒，一個人遭受了不公平的對待、受到了傷害都會感到憤怒。體驗到它很正常，就好像體驗到快樂、悲傷、嫉妒一樣正常。」

然後，你就會發現那頭野獸變成了被馴服的毛茸茸的小白兔，因為你用愛與接納讓情緒知道了它是誰，接納了它的本來面目。

我的憤怒足以毀掉世界：被高估的情緒殺傷力

憤怒可能會帶來可怕的後果，我們害怕自己無法承受，於是對於憤怒避而遠之，還沒看清到底是不是它，便扭頭就走，生怕和它扯上一點關係。而我們越是不去觸碰它，它對於我們就越是未知，而越是未知就顯得越可怕，從而陷入惡性循環之中。

哪裡有壓迫，哪裡就有反抗

憤怒的確會令人失去理智，並帶來嚴重的後果，但是與我們壓抑憤怒帶來的痛苦相比，前者實在不算什麼。

一個人虧待了你，你感覺很憤怒，怎麼辦呢？你相信如果讓這種憤怒表達出來一定會傷害到對方，破壞你們的關係，讓你的利益受到損害，於是你死死地將憤怒壓抑在心裡。壓抑有多強烈，反抗就有多強烈。你壓抑了在現實裡罵人的小小衝動，它就會在你心裡演變成將對方殺死的想像。然而，你能允許自己這樣想像嗎？管他是現實還是想像，罵人都不行，殺人就更不行了。**於是你將想像中的憤怒表達也壓抑住了。**

再一次，你越壓抑，反抗的力量就越大，然後你將自己拋進了矛盾的痛苦裡。**壓抑憤怒，憤怒卻越發強大，根本壓抑不住，於是你痛苦。可是不壓抑，你又會愧疚、害怕，還是痛苦。**左也是痛苦，右也是痛苦，壓抑也不是，釋放也不是。

接下來，你會越發感到憤怒這個東西的可怕之處，因為你拿它實在沒有辦法。既然它如此輕鬆地毀掉了你的幸福，它的破壞力一定是驚人的。

挑唆你的「信念」

然而，事實真的如此嗎？如果你能跳出憤怒的情緒，換個角度看問題，一切都將變得不一樣。

當你不能接納自己的情緒的時候，你會覺得情緒來得莫名其妙，極不可控。

但是如果你能發現，挑唆著你產生情緒的，不過是頭腦裡的一個信念罷了時，你就看穿了情緒，發現它不過是一隻紙老虎而已。

比如，朋友對你說：「做事情要懂得顧全大局，你看你總是糾結在細微末節上，能有什麼發展和進步呀？」你覺得有些生氣，為什麼生氣呢？很簡單，因為你有一個信念：「別人告訴我事情應該怎麼做，就是在貶低我！」可是這個信念是真的嗎？當然不是，很多人擁有的信念是：「別人告訴我事情應該怎麼做，是在幫助我。」因此在同樣的情境下他們就不會產生憤怒的感覺。

再比如，當憤怒襲來的時候，你之所以感到恐懼，是因為你有一個信念：「表達憤怒會產生難以控制的後果。」但是這個信念是真的嗎？顯然不是，很多人都能正常表達憤怒，沒有什麼衝突。

所以，你以為非常可怕的情緒，不過是受了信念的「挑唆」罷了，而所謂信念不過是你頭腦裡的一個想法而已。你可以認為練字很有趣，也可以認為練字很枯燥；可以認為別人誇妳的裙子好看是真心讚美，也可以認為他們是在阿諛奉承，甚至還可以覺得他們在挖苦諷刺。你可以認為表達憤怒很可怕，也可以認為表達憤怒很健康。**感受是你無法控制的東西，但是你卻可以改變自己的信念。**

重構「信念循環」

雖然信念只是一個想法而已，但是想要改變它也並非易事。即便你覺得憤怒很可怕，卻也可以覺得憤怒沒什麼，這只是一念之間的事。但如果每一次你表達憤怒時都被別人嗆回來，或者你堅定地認為憤怒很可怕並因此採取迴避行為，那麼你就會堅定地認為「表達憤怒很可怕」，不論別人怎麼告訴你「憤怒很正常」，你仍然感到害怕。

這就好像一個害怕狗的小孩，如果他每次遇見狗，狗都會咬他一口，或者他懷揣著「狗狗很可怕」的信念，從此再也不與狗接觸，他就會永遠怕狗。即便大人們不斷地告訴他：「狗狗很溫順，你看有那麼多人養狗，是不是？」但這也絲毫不能緩解他的恐懼。唯一的辦法是讓他與一隻真正溫順的狗狗不斷接觸，讓狗狗用舌頭溫柔地舔他的手，讓他知道狗狗雖然有尖利的牙齒，但是並不是用來咬人的。

改變信念需要的就是這個過程。經驗決定信念，信念決定情緒，情緒決定行為，而行為又會強化經驗。如果你不去建立新的經驗，你就會永遠陷在「憤怒很可怕」的信念裡，每一次想要表達憤怒都覺得很可怕，並產生壓抑憤怒的行為與痛苦，再次加深憤怒很可怕的經驗。

所以，請找一個「安全的人」嘗試表達自己的憤怒，一個可以包容你、接納你的人，讓你知道即使你表達了憤怒，對方仍然愛你，你也沒有傷害到他。如果你身邊實在沒有這樣的人，你也可以像婉瑩一樣，找一個心理諮詢師支持你，讓你在安全的關係中表達憤怒，獲得新的經驗，建立新的信念，產生新的感受，改變討好的行為模式。

不發脾氣＝有修養？到底是誰在道德綁架你

你之所以從不發脾氣，除了將憤怒「妖魔化」後產生的恐懼感外，還有一個很重要的原因，就是你覺得有修養的人不該發脾氣。

如果「好女孩」不能吃飯，妳該怎麼辦

「妳看，只有沒什麼水準的人才會站在大街上為了一點小事和別人爭吵，真

正有能力、有修養的人都是溫文爾雅的。」「一個好女孩不該像一個潑婦一樣，動不動就發脾氣。」每個人都會這樣告訴妳。其實也不用別人告訴妳，妳看看電視劇、小說裡的主角，哪個女主角不是溫柔如水的？哪個正面角色是為了一點小事就發火的？**所有的事實都在暗示妳：好女孩不該發脾氣！**

然而，我只想問妳一個問題，別人告訴妳好女孩不能發脾氣，於是妳努力壓抑著自己的憤怒，那要是別人告訴妳好女孩不該吃飯、好女孩不該呼吸，妳該怎麼辦呢，也照做嗎？

表達憤怒本身就是和吃飯、呼吸一樣自然而必然的事情，只是從沒有人這樣為妳類比過，而妳也從沒這樣問過自己罷了。

道德很重要，道德綁架沒必要

說到這裡，就不得不談談「道德」的問題了。討好者絕對是極其具有道德感的一類人，不要攻擊別人、要對別人微笑、要捨己為人、要寬容大度、要為他人著想，這都是對自己極高的道德要求。然而，道德到底是個什麼東西呢？

你可以去想像一下，原始人需不需要道德呢？或者說動物們有沒有道德呢？顯然沒有。獅子抓到了一隻羚羊，其他獅子可不會想：「我要尊重牠的捕獵成果，所以不能搶牠的羚羊。」與之相反，其他獅子會一擁而上，強奪牠的獵物，誰搶到就算誰的。

我相信人類社會也在這種沒有道德的狀態中發展了很久，但是後來遇到了問題。隨著人口密度越來越大，農業開始發展，這樣的模式顯然是不利於人類發展的。我辛辛苦苦種了一年的莊稼，要是最後都被「強者」搶走了，那我還種什麼莊稼呢？大家一起餓死算了。我們當然需要道德，不然人類社會就亂成一團了，但是你也要搞清楚，道德它到底是什麼，它是為了人與人和諧相處制定的規則。**你需要做的是使用它，在它的規則之下讓自己的生活更加自由愉快，而不是被它綁架住，認為自己就是必須這樣做、必須那樣做。**

這就好像，你和一個人做交易，你們約定：我給你一個西瓜，你給我四個蘋果。大家都遵守約定，這個交易就能進行下去，各取所需。但是你實在沒必要說，我必須每天都給你一個西瓜，不然我就是個壞人，並陷入自我譴責。因為這不僅會讓你感覺很疲憊，也會讓對方感覺莫名其妙。

壓抑情緒的苦果：表面風平浪靜，內心痛苦不堪

當我們用水壩將自然流淌的溪流阻擋住，水就會越積越多，形成湖泊。開始

的時候還算風景宜人，但是如果來了一場大暴雨，我們卻仍然不打開水壩放水，就會引發潰堤和洪水。包括憤怒在內的情緒也是如此。**如果我們允許情緒自然地表達，這並不會有什麼問題，但是如果你出於種種原因，用意志力將它控制住了，那麼最終一定會產生不可控制的後果。**

開始的時候你可能覺得還不錯，可以少花一些時間去解決衝突與問題，暫時擁有內心的平和，但是長此以往，再強的意志力也會像洪水面前的水壩一樣不堪一擊。如果你的生活風平浪靜還好，萬一又遇到了諸多困難，則會像大暴雨一樣讓情況雪上加霜。

你好，情緒消防員

壓抑包括憤怒在內的情緒，最常見的一種結果就是疲憊感。很多從不發脾氣的討好者常常會抱怨自己的體力不好、精力不夠、做什麼事情都沒有激情，甚至覺得生活實在是沒什麼意思，如果一定要用一個詞概括就是「身心俱疲」。

你可能為此去看過醫生、喝過中藥，或者這麼多年過去了，你已經接納了這種疲憊感，覺得自己可能生來就是個「疲憊者」。有什麼辦法呢？湊合著活吧，卻從來沒有想過這是你壓抑情緒的必然後果。

為了讓你明白這個道理，我想邀請你去想像一個消防員衝進火海裡的景象，這個人穿著厚重的隔熱服，拿著沉重的水管，在他身邊是不斷躥起的火苗，而他的任務就是用能力非常有限的水管撲滅熊熊大火。這個時候消防員能感受到生活很美好嗎？能拿出手機發個臉書嗎？能感到輕鬆與自在嗎？顯然不可能，他感受到的只有沉重、無助與疲憊。

而當你壓抑情緒的時候，你就是這個消防員，而生活就是火場，你每天的任務就是拿著水管四處滅火，拚命地壓抑住心中的憤怒。你怎麼會有心情看看周圍的美景，怎麼能擁有力量去做一些自己想做的事情，你感受到的只能是疲憊、緊張與痛苦。

被壓抑的情緒，身體全都知道

再嚴重一點，你則會遭受身體和精神上的病痛。

婉瑩莫名的頭痛、查不出原因的心慌，並非器官發生了什麼病變，而是由情緒引起的症狀。**情緒是一種能量，如果你不讓憤怒的能量向外攻擊，它就會不得不向內攻擊自己**。至於它會選擇攻擊你的什麼部位，則完全要看它的心情了。

你一定聽說過很多這樣的故事：一個女孩子被愛情沖昏頭腦，嫁給了一個「公子哥」。然而，婚後的生活並沒有想像中的那麼幸福，丈夫總是出去花天酒地，婆婆仗勢欺人對她挑三揀四。女孩子有苦難言，在憤怒與痛苦之下，兩年後患上了癌症。一個上班族總是被老闆找麻煩，為了保住工作她一忍再忍，結果一連懷了幾個孩子都沒有保住，等等。雖然我們無法證實這些故事裡「情緒的壓抑」與癌症、流產的必然聯繫，**但是有一點是可以肯定的，情緒的壓抑勢必會給我們帶來壓力，而壓力勢必會造成免疫力下降，而免疫力下降無疑會損害我們的健康。**

除了身體，我們的心理也會遭受情緒壓抑的損害。最常見的要數憂鬱症和恐慌症了。所謂憂鬱，從精神分析的角度來說，就是一個人將攻擊性全部轉向內造成的。你想呀，一個人心中感到非常憤怒，但是又不能將心中這把刀扎進別人的身體裡，於是就每天拿著刀自我攻擊。對自己說：你不行、你不好、你什麼都做不成。你說這能不憂鬱嗎？恐慌症也是一樣，有的人恐高、有的人怕蛇，這還算好理解，但是還有的人害怕熙熙攘攘的人群、怕接受注射，為什麼呢？這裡面的原因很多。我想說的是，當你將憤怒壓抑在心底的時候，它們會偷偷從你鎖緊的大門中溜出來，附著到外界任何物體上，這個過程叫作「外化」。就好像當我們討厭自己優柔寡斷的時候，常常會責怪身邊的人太沒有決斷力一樣；當我們害怕控制不住自己的暴力傾向時，我們會開始畏懼自身之外的一切毀滅性力量，認為它們不受控制，極其可怕。這就是造成恐慌症的重要原因之一，也是恐慌症病人的恐懼對象會變來變去，一個恐懼剛剛消失，另一個恐懼又突然產生的原因。

說這些不是為了讓你對號入座，更不是為了嚇唬你，而是希望你能本著為自己身心健康負責的態度，重視自己的討好型人格的問題，正視自己的情緒體驗。

情緒如水，在「疏」不在「堵」

然而，當憤怒與表達憤怒的恐懼同時襲來，我們到底要怎麼勇敢面對，而不是進入壓抑、抗拒的舊有狀態裡呢？

方法1：別掙扎，掙扎只會讓事情變糟

當包括憤怒在內的感受出現時，你首先需要做的就是不要掙扎。

你可以和我一起來想一想這個過程，本來只是一件外界的事情引起了你的憤怒，這份憤怒可能會令你有些不舒服，而這份不舒服卻是非常單純的。但是如果你的心念一動，拚命地掙扎，你的痛苦就會變得複雜。

一方面，你會因為壓抑憤怒而產生疲憊感；另一方面，你會因為壓抑不住憤

怒而感到無力。接下來，萬一控制不住，讓一點點憤怒表達了出來，你又會因此愧疚。

所以，你需要做的是不掙扎。即便憤怒的感覺讓你不舒服，也不要轉化它，請讓憤怒就是憤怒本身。當憤怒的感覺到來的時候，看見它，對它說：「嗨，憤怒，你來了呀。歡迎，歡迎，歡迎。我看見你了，我接納你，我想幫助你，而你需要我做些什麼來幫助你呢？」

你也可以只是在情緒裡待上一會兒，去感覺一下這個讓自己隱隱感到恐懼的憤怒到底是個什麼東西。哦，好像胸口有些發悶，喉嚨有些緊張，還有一種想哭的衝動，哦，原來我一直恐懼的憤怒就是這麼簡單的一種東西呀。

要知道，當你與一種情緒對抗的時候，其實是賦予它能量的過程，只有你接納憤怒，在憤怒的狀態裡「躺平」了，憤怒才不會從你這裡源源不斷地吸取能量來對抗你。放過憤怒，也放過你自己吧，「憤怒，謝謝你提醒著我希望被別人公平對待的美好需要」。

方法2：想個辦法，與情緒玩耍

看到憤怒、接納憤怒只是擺脫情緒壓抑困境的第一步，接下來你還需要學會與情緒玩耍。這就好像你看到一個小孩子，首先你需要和他打個招呼，但是如果你想與他建立更深厚的關係，則需要學會與他互動。

當一種情緒出現的時候，勢必伴隨著以下三種東西：畫面、聲音與身體感受。比如，當婉瑩被父母譴責沒有在親人的生日送去祝福的時候，她感到父母是在責怪她並深感憤怒。但是婉瑩同時也感受到了恐懼，這才是她壓抑情緒的關鍵。而恐懼的出現，必然伴隨著我們剛剛提到的三種東西。

婉瑩可能看到了一個畫面，當她表達憤怒責怪父母不夠體諒她時，母親會淚水漣漣地責怪她傷害了自己。婉瑩可能聽到了一個聲音，父親板著臉對她說：「妳這個逆女！竟然這樣對我說話。」婉瑩還可能體會到一種胸口緊繃的感覺。

雖然她從沒有留意過這些，但是只要她用心發現，這些東西必然存在。而這就是她感受到的恐懼了。

所以，婉瑩需要學習去和這三種情緒實質玩耍。她可以先對心中看到的畫面做準備，看到母親淚水漣漣的樣子，將這個畫面變得搞笑一些，比如，給母親戴上一個奇怪的帽子，將母親的形象變成一個電視劇裡特別愛哭的小女孩，等等。接下來將這個畫面變小、變遠，或者去想像將這個畫面放在一台遙遠的電視機裡面，變成一部正在播放的肥皂劇，讓她與妳分離。

然後，婉瑩需要對聲音做一些事了，她的腦海裡有人在說「妳這個逆女！竟然這樣對我說話。」換一個聲音好不好呢？比如，「妳真的很勇敢，能夠表達自己真實的感受。」「表達真實的自己，其實是對家人最好的愛。」怎麼樣？甚至她還可以為這個聲音配上父母的形象，讓父親將它說出來。

最後，婉瑩可以去改變自己的身體感受。恐懼是一種胸口緊綳的感覺，那就改變這種感覺。有意識地舒展胸口、做一做擴胸運動，實在不行就去跳一跳舞，當身體感受改變了，情緒自然就改變了。

這就是與情緒玩耍的方式。情緒像個小孩子，講道理是沒有用的，你需要做的是學會用最真實的感受去貼近它的現實，然後你就會發現，恐懼消失了。然而，這不是因為你將它殺死了，而是因為你學會了與它一起跳舞。

方法3：換個角度觸摸「情緒大象」

盲人摸象的故事你一定聽過，有的人摸到了大象的腿，於是認為大象是一根柱子，有的人摸到了大象的尾巴，於是認為大象是一根繩子。**你有沒有想過，你**

對於表達憤怒的認知，可能只是和盲人一樣因為從自己有限的角度出發並造成的誤解呢？

比如，從短期的角度來看，不表達憤怒似乎比表達憤怒更好。因為不表達憤怒就沒有衝突，沒有衝突內心就能風平浪靜，而萬一一表達，就意味著衝突的產生、大量的溝通、內心的失序。但是從長期來看，表達憤怒卻比不表達要好得多。因為表達憤怒意味著你在和另一個人努力磨合你們的關係，你在讓對方知道什麼是令你舒服的，如果對方愛你，他就會想辦法滿足你，而如果不表達，則意味著對方永遠不知道什麼情況會令你不舒服，你們的關係將總是處於彆扭、令人不滿的狀態裡。也就是說，**在不同的時間與空間上「摸大象」，你會產生對於憤怒完全不同的認知**。

比如，在高雅的社交場合，每個人都端著紅酒，低聲交談，這個時候不隨便因為憤怒而高聲喧譁當然是好的。但是如果你遇到了一個強盜，那麼可能正是你大吼大叫的憤怒表達將他嚇走了，並保住了性命，這個時候憤怒表達就是好的。在不同的情境下「摸大象」，你的認知又會完全不同。

再比如，你還可以為自己舉一些反例。我知道小張就是個牛脾氣，父母令她不舒服她能夠表達；孩子不聽話，她就會罵人；工作上的安排不合理，她就會拒絕執行。結果是人家的家庭關係一點都沒受影響，孩子還考上了一流大學，工作上更是升遷不斷，備受賞識。**從反面「摸大象」，絕對會再次讓你得出截然不同的結論。**

所以，不要將自己的認知局限在大象的腿部、鼻子，那些摸了好幾十年的位置上。**多走一走，從時間上、情景上、角度上換個方式去摸摸你自以為「不得不壓抑」的情緒，你就會發現，固有的認知模式實在不堪一擊，表達憤怒的確沒有你想像中那麼可怕。**

學習筆記

- 核心討好型問題：從不發脾氣。
- 主要表現形式：體會不到憤怒的感覺，否認憤怒的存在。
- 這是因為——
  - 沒有人接納過你憤怒的情緒，處於混沌狀態的感受令你恐懼。
  - 不合理信念：表達憤怒會帶來不可控制的後果。
  - 道德綁架自己：有修養的人從不發脾氣。
- 直接後果：表面風平浪靜，內心痛苦不堪。
- 這意味著你需要——
  - 放棄掙扎，讓憤怒就是憤怒本身。
  - 覺察情緒的本質，學會與其玩耍。
  - 換個角度看問題，憤怒不是敵人而是朋友。

第八章

CHAPTER.08

「吾日三省吾身」的積極踐行者

瀾伊最近遇到了一件「難事」。事情是這樣的，幾天前，瀾伊和朋友一起出去逛街吃飯，結果吃完晚飯大雨傾盆，朋友就將自己買的幾件新衣服放在了她的車上，說過幾天來拿，不要被雨淋濕了。這本是一件小事，瀾伊並沒有在意，就將衣服放到了後座上。

哪想到沒過幾天，自己的車竟然被人砸開了玻璃，將裡面的東西全部偷走了。說是全部東西，其實除了朋友的新衣服外並沒有其他貴重物品。因為瀾伊在這件事情上一直很小心，怕在車裡放了貴重物品被人看到，從而心生歹念，造成不必要的麻煩。

瀾伊沒有馬上和朋友說這件事，而是默默去商店重新買回了衣服。之後她才打電話和朋友說了事情的經過，並告訴她衣服都已經重新買好了，可以隨時來拿。朋友聽了挺過意不去，說要將錢轉給瀾伊，畢竟是自己決定要將衣服放在車上的，這怎麼能怪她呢？可是瀾伊並沒有收下錢，她對朋友說：這都是我沒有保管好造成的，給妳造成了損失非常抱歉，下次見面妳看看衣服尺碼和款式沒有買錯就好。

她就這樣處理了這一起事件，幾件衣服雖然不便宜，但是還在瀾伊的承受範圍裡，在經濟上並沒有給她帶來太大的困擾。但是瀾伊最近總會想到這件事，一個人發呆的時候、躺在床上準備睡覺的時候，這讓她非常不舒服，甚至有些失眠。瀾伊對自己說：「不就是一點錢的事情，需要這麼耿耿於懷嗎？」「難道這不是妳保管不當造成的嗎？如果妳不是為了省下停車費，將車停在路邊，這樣的事情會發生嗎？」就這樣，瀾伊苦苦壓抑著內心的矛盾。

而當修車廠通知她去拿車並將價格不菲的修車費用明細發給她的時候，她就撐不住了，她感到委屈、憤怒，「如果不是朋友將衣服放在我的車裡，我的玻璃很可能就不會被砸，而我竟然還重新給她買了衣服，而不是讓她賠償我的損失！」

這個感受和想法將瀾伊嚇壞了，她立刻譴責自己說：「妳怎麼可以這麼計較，友誼不是最重要的嗎？再說，這是推卸責任，妳怎麼可以這樣想！」

關鍵字 **自我苛責**

朋友的衣服在自己的車上被偷了，瀾伊覺得這是自己的錯，並因此譴責自己沒有將別人的物品妥善保管好。瀾伊的車窗被砸壞了，這讓她有些難過和委屈，覺得這很可能是朋友將貴重的物品放在車上造成的，然而瀾伊卻不允許自己有這種想法，並因此譴責自己不夠朋友、想要逃避責任。**好像不論生活中發生了什麼問題，瀾伊都有辦法將自己譴責一番。自我苛責，這正是討好者每天都在做的事情。**

「高尚」主義：我的人性裡，沒有黑暗面

我想邀請你去想像這樣一個場景：有一天你走在大街上，陽光的角度剛好讓你對自己的影子產生了濃厚的興趣。你變換了幾個姿勢發現影子也隨之變化，覺得非常有趣，於是你出於好奇偷偷地將注意力放在了身邊路人的影子上。你發現每個人的影子都是如此不同，高個子的人的影子長一些，肥胖的人的影子也有一個大肚子，甚至連身邊走過的一隻黃金獵犬都有著一個看起來很兇惡的、像狼一樣的影子！這個時候，你突然發現對面走來了一個非常美麗的女人，她穿著飄逸的長裙、化著精緻的妝容、戴著價值不菲的首飾，但是這都不是重點，重點是你發現她沒有影子！這個時候你會有什麼反應呢？覺得這個女人更美了，因為她連影子都沒有嗎？顯然不是的，你一定無暇欣賞這個女人的美麗，只想撒腿就跑，並大叫一聲：「鬼呀！」

做「人」還是做「鬼」

既然你清楚地知道，一個沒有影子的人根本不是「人」而是「鬼」，那麼你為什麼還總是要求自己的人性裡只有無私、負責、寬容這些美好的東西，而不允許自私、不負責任、小肚雞腸存在呢？你到底是想做「人」，還是想做「鬼」呢？

你會因為拒絕在工作中幫助別人分擔任務而感到自責，覺得自己實在很自私自利；你會因為將喜歡的蛋糕口味留給了自己，沒有讓別人先挑而自責，覺得自己實在是以自我為中心；弟弟生日約你吃飯，你卻去買了單，心裡忍不住想：「這到底是讓我來吃飯還是讓我來買單？」你很愧疚於自己的想法，批評自己與親人為什麼要這麼計較。**總而言之，你希望自己是一個偉大、無私的「聖人」，太陽一照連影子也沒有，卻沒有發現這是「違反人性」的。**

這個世界有陰就有陽，沒有黑暗你就不會知道什麼是光明，沒有罪惡你就不會明白什麼是善良，而現在你要創造一個只有陽沒有陰的世界，世界可能就會失去平衡。

我們甚至可以說有時自私、不負責任才是人的本性，而這樣的本性顯然無法維持社會的正常運轉，於是無私、負責任才會被倡導。但現在你要求這些「光明」的東西變成你的本性，剔除自身「黑暗」的一面，你可能也會失去平衡。

為高尚而高尚

然而，你為什麼要這麼做呢？有的人說我是為了討好別人、為了讓別人滿意、為了獲得認可，或者反過來說，我是怕別人感到不滿意、怕別人說我不好、覺得我做事不漂亮。**但是你有沒有想過，你這麼做可能只是為了顯得自己很「高尚」呢？**

你不小心踩了別人一腳，就會不好意思到自責，連連給對方道歉說：「我真是太對不起你了！」你不小心忘記了將朋友向你要的東西帶給他，就非常內疚，感覺自己給對方造成了巨大的困擾與傷害。你說自己是不是非常高尚呢？

高尚是這個社會倡導的，每個人都在告訴你高尚是很好的，於是你認同了，並努力去追求。這就好像所有人都在告訴你金錢、地位是很好的，於是你就去不斷追求一樣。卻沒有發現，追求金錢與地位只是眾多活法中的一種，而且勢必會讓你不得清閒。**追求高尚只是千百萬種活法中的一種，而且可能導致你情緒的壓抑，讓你感到痛苦。**

我不是說你不能追求高尚，我想說的是，你需要找一個安靜的空間，去想一想，追求高尚到底是不是你人生的目的，是不是你想過的生活。如果是，那很好，這個社會當然需要高尚者，你可以成為一個英雄、一個榜樣。但是如果不是，那也很好，**不是所有人都要成為「聖人」，你可以從此學習當個快樂的「凡人」**。

「犧牲」主義：是美德還是受虐狂

當你用「高尚」的標準要求自己的時候，勢必會造成這樣一種後果：自我犧牲，將自己放在一個受害者的位置上。

瀾伊在不是自己責任的情況下，對朋友進行了補償，看起來非常「高尚」，但是她也將自己放在了一個「受害者」的位置上。她用自己的工作所得彌補著別人犯下的錯誤，**說得好聽點叫作「犧牲」，說得不好聽一些就是「受虐」**。

受苦是種「幸福」

當瀾伊因為朋友的衣服被偷而產生內疚感的時候，這是她第一次虐自己。當她本可以透過道歉或者與朋友商量來處理這一起事件的時候，卻選擇自己承擔起所有的責任，這是她第二次虐自己。當她總是想起這些事情甚至失眠的時候，這是她第三次虐自己。當她冒出了一點責怪朋友的念頭時，她深深地自我譴責，這是她第四次虐自己。而這只是我們看到的一小部分。

瀾伊為什麼要虐自己呢？或者說，你到底為什麼要透過高尚、犧牲來讓自己受虐呢？**經典的精神分析認為，受虐可以為我們帶來一種痛苦感，而這種痛苦感可以緩解我們被現實事件激發的早年的內疚感，也相當於對自己的一種懲罰。**

當瀾伊看到自己的車窗被砸碎的時候，她可能首先感到了憤怒，而這種憤怒該指向誰呢？最理智的當然是指向小偷，但是小偷早已逃之夭夭，連是男是女都不知道。這個時候，最方便的就是遷怒於朋友，「要不是妳將衣服放在了我的車上，購物袋看起來又那麼高檔，小偷才不會砸我的車窗！」此時，早年的內疚感被激發了，小時候父母可能並沒有完全將我們照顧好，他們身上可能有刺鼻的味道，他們換尿布的方式可能非常粗暴，你很想對他們發火，但是「攻擊」父母讓你感到內疚。也或許在你成長的過程中，表達憤怒意味著攻擊，而攻擊意味著拉開你與父母的距離。可父母是那麼需要你，離開他們令你感到內疚。這些在瀾伊潛意識中的感受被現實中的憤怒激發了。為了消除這種不舒服的感覺，瀾伊選擇了「受虐」。意思就是：**我竟然做了這麼令自己內疚的事情，於是我用「自虐」來懲罰自己，我用痛苦來麻痺自己。這時「受苦」對於瀾伊來說，變成了一種「幸福」。**

這個幸福的人，還是我嗎

當然，也有可能瀾伊只是在「受害者」的角色裡待了太久，為了保持她固有的身分，她不得不讓自己持續受苦。可能小的時候，每次和兄弟姐妹發生衝突，父母都會不分青紅皂白地批評她、讓她學會禮讓。當家裡來了客人，父母總是要她讓出自己的小床，而讓客人住得舒服一些。這都會讓瀾伊明白，自己永遠是被犧牲的那個。**她已經習慣了，要是她突然不是「受害者」、不是「被犧牲」的存在，而是變成了一個為自己創造幸福與快樂的人，那這個人還是自己嗎？**

你可能覺得佛洛伊德這一套完全是在「扯淡」，但是如果你站在瀾伊朋友的角度，就會發現事實的確非常有趣，讓我們難以否認。瀾伊本可以更「高尚」一些，根本不告訴朋友衣服被偷的事情，默默承受這些，但是她選擇了告訴朋友，並拒絕了朋友將錢轉給她的意圖。你可以去想一下，當這位朋友收到衣服，並在今後每一次穿這些衣服的時候，會是什麼感受。我相信每一個有良知的人都會感到內疚。

也就是說，瀾伊透過犧牲讓自己「受虐」，以維持一個「受害者」的身分，並透過「犧牲」讓朋友愧疚，告訴對方自己有多痛苦，「我也要讓妳嘗一嘗這種苦。」**犧牲看起來是一種美德，其實卻是一種讓別人和自己一起受苦的狀態。**所以，請從現在開始結束這種不健康的關係吧，你活得自由而喜悅，身邊的人才能因此而幸福。

「完美」主義：我沒做好，所以我有罪——✸

一個人要求自己高尚，不允許自己的人性裡存在黑暗面，這還不算大問題，畢竟人各有志。最有問題的事情是，你還做不到絕對高尚，並陷入自我譴責中，不斷給自己定罪。

心中的「法官」✸

如果瀾伊就是非常高尚，願意為朋友的損失承擔責任，她就會為自己的賠償行為感到自豪與欣喜，這是求仁得仁。而事實並非如此，瀾伊感到的是痛苦與衝突，因為她做不到絕對高尚。她有些責怪朋友將貴重物品放在自己車上這麼久都不來拿，對於承擔了本不該自己承擔的責任有些委屈和不平，而這些念頭都讓她陷入了自我譴責，給自己判定了「逃避責任」、「小肚雞腸」、「愛計較」的罪，並因此抬不起頭來。

你心裡就好像住著一個法官，不停地對自己進行著審判。為什麼會這樣呢？一般我們認為這個法官是一種「父母狀態」，小時候父母會不斷糾正我們的行為以適應社會的要求，不斷地評判著我們行為的好壞。如果父母比較溫和還好，要是他們很嚴厲，這個心中的「法官」也將更加苛刻。隨著你的成長，你將父母的要求變成了你內在的一部分，這個過程叫作「內化」。就好像小的時候父母不允許妳穿超短裙，長大之後雖然妳的父母再也管不了妳了，甚至已經去世了，但妳仍然覺得穿超短裙很不自在一樣。

有的人攻擊性向外，他們的「父母狀態」也能夠向外，於是就有了一些「大家長」做派的人，看這個人也不順眼、看那個人做得也不對。**但是討好者不會這樣做，他們的攻擊性向內，「父母狀態」也向內，不挑剔別人而是挑剔自己，不審判別人而是審判自己，最終令自己痛苦不堪。**

當「罪人」的好處

你可能會問：「那我為什麼非要折磨自己呢？」答案是：**自己給自己定罪看起來非常痛苦，但是你也從中獲得了某種好處。比如，免遭他人的譴責。**

我想邀請你換個角度去想像這樣一個情景：有一天，朋友去你家裡做客，不小心將你心愛的花瓶打碎了，你有一點生氣，想要責怪她為什麼如此不小心，然而還沒等你開口，你的朋友就突然痛哭流涕說：「我真是罪大惡極，竟然將你的花瓶打碎了，你懲罰我吧！像我這樣做事情毛毛躁躁的人就該被天打雷劈！」這個時候你會怎麼做呢？繼續將譴責她的話說出口嗎？顯然不可能，你已經被她強烈的自我譴責震驚了，心想：「就是一個花瓶，需要如此嗎？」你還會為自己給她造成了這麼大的痛苦而內疚不已，別說譴責的話了，你一定還要耐心地寬慰她幾句才行。這就是自我審判的好處了。

在你因為一點小小的錯誤，而進行了強烈的自我譴責之後，誰還能站在道德的制高點上審判你呢？沒有人。就算是真的有人譴責了你，這份譴責也不會比你的自我譴責更強烈，這可以讓你免遭被人譴責的羞恥感。

我知道面對他人的譴責時沒有人會感覺良好，在你小的時候你能想到這樣的方式來自我保護真的很有智慧。但是這樣的方式已經「過時」了，因為它並沒有讓你的生活好過一些，反而加深了對你的傷害。

自我苛責的苦果：傷你最深的人，是你自己

如果我們能夠讓心靈受到的傷害透過身體表面呈現出來，那麼討好者絕對是最為千瘡百孔的一類人。然而，為什麼討好者這麼努力討好，體會到的傷害卻最多呢？**答案是來自別人的傷害可能只占痛苦的兩成，而其他八成是討好者自己造成的。**

遠離「二次傷害」

「二次傷害」是指由於各種原因，讓受害者在第一次受傷之外再次受到傷害的情形。比如，一個女孩遭遇了校園霸凌，「惡霸」給她造成了第一次傷害。然而，這件事情引起了學校的關注，學校將她作為了一個典型「保護」起來，告訴

學校的每一個同學，她是如何被傷害的，並教育大家自我保護，受到傷害要及時告訴老師。這下好了，每個人看到她都會指指點點，說她是多麼可憐，讓她的自尊心受到了極大的損害，這就是「二次傷害」。

而你特別擅長給自己製造「二次傷害」。比如，你在職場遇到了一個特別難相處的同事，動不動就說你的報告寫得不行，會議也沒安排好。這個時候你受到了第一次傷害。可是這個傷害造成了什麼後果嗎？其實沒有，你因此丟了工作還是被扣了工資？只是被一個不會說話的人莫名其妙地說了幾句而已。然而，接下來會怎麼樣呢？接下來，你會對自己進行二次傷害，你會想，是不是我真的能力不行，是不是我真的沒做好？他說的真的沒有一點道理嗎？

討厭的同事只是批評了你兩句，你卻自我批評了兩個月，「吾日三省吾身」，這就是你為自己製造的「二次傷害」。這些傷害是不必要的，更是完全可以避免的，因為是你自己任由它發生，是你自己將刀子一下一下刺在自己心裡的。

所以，當外界傷害來襲的時候，你需要讓傷害單純一點。別人傷害了你，你就難受一會兒好不好，而不是不斷地去想「怎麼會這樣」、「別人為什麼這麼做」、「我是不是哪裡做得不好」、「到底是哪裡出錯了」。鬼知道是哪裡出錯了，這些自我譴責、自我反省除了會給你增加額外的苦惱與傷害之外，毫無用處。

讓自己受苦，是對他人最好的譴責

然而，你對自己的傷害並沒有到此為止。當別人傷害了你，你卻無法表達，而是要高尚地在自己身上找問題，並透過自我譴責第二次傷害自己時，你的內心是非常委屈且痛苦的。那到底要怎麼去宣洩這些痛苦呢？**你受到這些委屈到底要怎麼讓別人知道呢？很多人找到了這樣一種方式：讓自己受苦。**

比如，憂鬱症患者為什麼要自殺？當然，這是因為他們痛苦，想要結束痛苦的生命，這是我們一定要承認的。但是也有一部分原因是，憂鬱者想透過自殺告訴所有人，「你們睜開眼睛看看吧，看看你們做的好事，看看你們將我傷害到了一種什麼程度！都是你們的不理解，都是你們不斷告訴我『你沒病，你只要想開點，一切就好了』造成了我的痛苦！我不能攻擊你們，但我可以透過攻擊自己來譴責你們！」

這是一個比較極端的例子，但卻是很多討好者行為模式的真實寫照。**既然我不能攻擊你，我就透過讓自己受苦的方式隱秘地譴責你**。甚至說，自我反省、自我譴責的行為是不是一種讓自己受苦來譴責別人的模式呢？比如，瀾伊默默地彌補了朋友的損失後，又告訴了朋友事情的經過，這難道不是一種隱秘的譴責嗎？難道瀾伊不是在透過讓自己遭受損失來讓朋友內疚嗎？

然而，透過讓自己受苦來譴責別人，最終只會造成兩敗俱傷的局面。我並不是想要批評你這種行為模式，畢竟如果你的攻擊性無法顯性表達，那麼隱性表達總比不表達、憋死自己要好。我想說的是，為了你的幸福與快樂，我們有沒有可能找到更好的方式呢？

停止自我審判，學會愛自己

如果我們能說：「我的討好型人格是父母苛刻的要求造成的，也是極高的道德標準下的產物。」那一切都會更容易，因為我們就可以去譴責別人而不必面對自己的問題了。但是事實是，沒有人逼你「吾日三省吾身」，是你想要自己顯得高尚，是你的「不配得感」讓你持續受苦，是你想要透過自我譴責避免他人譴責造成的痛苦，是你自己給自己造成了二次傷害，是你選擇了透過讓自己的情況變糟的方式來譴責他人。**所以，除了你自己，沒有人能夠挽救你。**

方法1：放自己一馬，給你的評判標準升級

你之所以會自我苛責，最根本的原因在於世界在你眼中是非黑即白的。一個

人要不就是好要不就是壞，要不就是高尚要不就是墮落，要不就是天使要不就是惡魔。**在這樣的評判標準下，你當然不希望自己是壞的、墮落的，是個惡魔，所以你就努力讓自己成為好的、高尚的，做個天使**。然而，你有沒有想過，這個世界其實並不是非黑即白的呢？更不能被我們粗暴地一分為二呢？

比如，妳買了一條昂貴的項鍊，妳說這東西好不好呢？非常好，閃閃發光，彰顯妳的身分，戴出去特別「有面子」。但是有一天妳戴它去買菜，生菜本來是五元一斤，小商販一看妳這項鍊，告訴妳這是有機蔬菜，要賣二十元一斤。這個時候項鍊還好不好呢？顯然不太好。可能有一天，妳戴著項鍊走在大街上，卻因此被一個強盜盯上了，並跟著妳一路走到僻靜處，讓妳差點丟了小命，這個項鍊就太糟糕了。

也就是說，這個世界上沒有什麼東西是絕對好的，也沒有什麼東西是真正壞的。**好裡面含著壞，壞裡面蘊藏著好，這才是現實**。而你卻要求自己必須好、高尚、完美，你說這不是拿一個無意義的標準為難自己嗎？

所以，請給自己的評判標準升個級，既然世界上沒有什麼東西是絕對好的，也沒有什麼是絕對壞的，那為什麼不用「存在」的標準去評判這個世界呢？**我不去判斷一個人是絕對好還是絕對壞，我只是看到有這樣一個存在，這個存在必然有其存在的理由。**

我看到一個蘋果，它不是好的，也不是壞的，它只是一個蘋果，紅紅的、香香的，樣子很可愛。我今天請朋友吃了一頓飯，沒想到花了五百元，有些心疼。心疼不是好的，也不是壞的，它只是一種感覺，哦，原來我有這樣的感受，這感受本身就是如此可愛。

當你的世界觀「更新」到這個水準，當你的評判標準「升級」到這個層次之後，你就會發現，你想要絕對高尚都不知道該怎麼做才好了，所以還是踏踏實實做自己，欣賞自己的「存在」本身就好。

方法2：從「我不配」到「我想要」

無論是你透過懲罰自己來壓抑內疚感，還是習慣性地待在「受害者」的狀態裡，抑或是透過受苦來譴責別人，其實都是建立在一種基本信念之上的，就是：「**我不配擁有喜悅而成功的生活。**」

正是這種「不配得感」讓你持續地待在「受害者」的角色裡，以至於從未想過自己完全可以用一個喜悅的成功者的身分處理身邊的問題。比如，勇敢地對朋友說：「妳的衣服放在我的車上，結果被偷了。雖然不是我的責任，但是我還是很遺憾，我也願意在一定程度上補償妳的損失，妳覺得這件事情如何處理呢？」比如，去思考一下為什麼偏偏這個「受害者」才是我的真實身分，而「成功者」卻不是呢？除了讓自己的情況變壞，我難道真的找不出任何更加健康的、表達自己的不滿的方式了嗎？

所以，消除不配得感是擺脫討好型人格的關鍵點，而你需要做的，是勇敢地向這個世界「索取」。

討好者是很難向別人提要求的，你遇到了再大的困難，也難以向別人尋求幫助。你想要的東西從不會向別人索要，而是自己默默地努力。你的付出最好是義務工作，萬一別人給你報酬你就心中難安。你對別人好可以，別人一對你好，你就不知道怎麼辦了。這就是不配得感，你覺得自己不配擁有支持、幫助、回報、好意。然而，很多時候，生活不是「你配不配得到」的問題，而是「你敢不敢要」的問題。

只有你勇敢地「要」了，你才能知道別人是願意給你的，而只有在你知道別人願意給你並擁有了很多美好之後，你才能知道自己是「配」的。

只要你能夠大膽而勇敢地向別人「索要」幫助、支持、回報、善意，你就走出了改變的第一步。我知道剛開始的時候，你一定會感到非常害怕，但是你逐漸會知道，自己是如此好的一個人，值得擁有更多的喜悅與成功、擁有全世界的美好！而不必透過「討好」來受苦，以維持一個「我不配」的自我形象。

方法3：從「苛責自己」到「感恩自己」

如果你覺得僅靠勇敢去獲得新的經驗，實現從「我不配」到「我值得」的轉變過於艱難的話，你也可以透過「感恩」的方式去幫助自己。

說到「感恩」你可能覺得很俗氣，是老生常談。從小我們就被教育：「要感恩你的父母，他們辛苦將你養大！」「要感恩城市的清潔人員，是他們的辛勤付出讓我們有了整潔的街道！」道理是這麼個道理，我們也的確感恩，可是這話聽多了，就好像你媽嘮叨你要好好吃飯一樣，耳朵都長繭了。

現在我想請你放下心中對於「感恩」的成見，重新來學習感恩這個「愛自己」

的方式。你可能一直認為「感恩」是為了愛別人，感恩父母所以要愛父母、孝順父母，感恩清潔人員所以要尊重他們。但是一個人如果連自己都不愛，你說他又有什麼能力談愛他人呢？

所以，換個角度來看待感恩這回事。感恩，不只是為了愛什麼別的人，更重要的是教導我們愛自己。

你可能覺得自己不夠好、自己不配，但是如果你能懷著一顆真正的感恩之心，你就會發現你其實足夠好，你就是值得。

早上起來，看到陽光照進房間，「啊，謝謝你太陽，每天普照著大地，給我光明與溫暖。」當你從床上下來，腳踩在大地上的時候，「啊，謝謝你大地，支撐著我。也謝謝我的雙腳，如此健康，帶我去了那麼多的地方。」當你打開自來水準備刷牙，「啊，謝謝你清甜的水，與你接觸真的好舒服。也謝謝自來水公司，讓我每個月不用花太多的錢就可以享受打開水龍頭就有自來水的服務。」

當你走到公司，謝謝自己的老闆，想一想他承擔了多少風險、壓力，才讓你有了穩定的收入。當你打開午餐盒，聞一聞飯菜的香氣，謝謝萬物生長得如此可愛，謝謝廚師做了如此色香味俱全的飯菜。當你結束了一天，躺倒在自己的小床上，謝謝睏意如期而至，讓你享受深深的睡眠。

持續地去感恩，不是口號，也不是為了讓你必須去愛誰，只是在這樣的感恩中，你不僅體會到了生活的美好，更感覺到了自己的美好。**原來我是如此好的一個人，擁有這麼多的幸福。你不是在感恩別人，而是在感恩自己的生命。**

學習筆記

✸ 核心討好型問題：以「自省」的方式苛責自己。

✸ 主要表現形式：不允許自己有「陰暗面」。

✸ 這是因為——

- 追求高尚，用「非人」的標準要求自己；
- 習慣性受苦，待在「受害者」的角色中不能自拔；
- 透過自我審判，免遭他人的責難。

✸ 直接後果：自己傷害自己。

✸ 這意味著你需要——

- 升級自己的評判標準：不做非黑即白的判斷；
- 勇敢「索取」，建立配得感；
- 持續感恩，學會愛自己。

第九章

CHAPTER.09

終身成長的秘笈：SELF心理自助療法

到這裡為止，關於討好型人格的問題已經基本都講完了。然而，討好型人格不是你看完一本書就會迅速消失的東西，它早已與你的人格盤根錯節糾纏在了一起。要想徹底改變自己的行為模式、提升心靈品質，需要你不斷地探索與改變。況且，生活的複雜程度，遠不是解決了討好型人格問題就萬事大吉的，持續成長是你的終身課題。

為了幫助你在讀完這本書之後，更好地實踐書中的方法，更為了幫助你掌握一套在今後人生道路上應對「心靈危機」的萬能法寶，我在這裡將自己提出的、以「自我救贖，活出自我」為目標的「SELF心理自助療法」介紹給你，希望你能將這個方法記在心裡，並在任何需要幫助的時候運用它。

什麼是「SELF心理自助療法」

這是一套「萬能」的自我療癒方法，它不需要昂貴的心理諮詢費用，也不需要什麼心理學理論，只要帶著一顆想「自我成長」的心，每個人都能做到。

具體來說，它包含了八個步驟：**自我覺察（Self Awareness）、情緒接納（Emotion Acceptance）、連接資源（Links to Resources）、信念轉換（Faith Conversion）、技巧提升（Skill Improvement）、經驗獲得（Experience Gain）、愛自己（Love Yourself）、極好的身心狀態（Fabulous Life）**。非常神奇的是，這八個步驟的英文首字母連接起來竟然是兩個「SELF」，也就是「自」和「我」，好像這個方法就是為了讓我們自我救贖、活出自我而存在一樣。

無論你感到憂鬱、焦慮、恐懼、悲傷，甚至只是莫名心中不舒服時，你都可以運用這套方法，將痛苦轉化為成長的契機，並最終活出美麗。

SELF心理自助療法的八個步驟

第一步：自我覺察（Self Awareness）

當你感受到一些令自己不舒服的情緒時，你可能經常會採取迴避和對抗的措施。比如，心情不好，那我看看電視、打會兒遊戲讓自己開心起來吧。再比如，我憂鬱了，去醫院開藥吧。我不是說，你不該想辦法讓自己舒服一些，但從某種程度上來說，這樣的方式會導致你從未理解過自己的情緒。

情緒像個小孩子，你之所以會感到不舒服，正是這個小孩子在提醒你一些被忽略了的事情。可能是你沒有照顧到自己的需要，也可能是一些內心的衝突，或者是某種未被意識覺察的不合理信念。這些東西如果總是無法被看到，而是簡單粗暴地被遊戲、藥物糊弄過去了，就會越積越深，直到你再也壓制不住，最終給你的生活造成巨大的困擾。

所以，當情緒到來的時候，靜下心來，做幾輪深呼吸，然後去問問自己，我現在的感受是什麼？為什麼會有這樣的感受？我的底層邏輯是什麼？這樣，你就理解自己，而這份情緒也將被你的覺察疏解。

對應內容

第七章　方法１：別掙扎，掙扎只會讓事情變糟

第二步：情緒接納（Emotion Acceptance）

在你覺察到自己的情緒之後，你需要做的是自我接納。比如，你生日的時候收到了朋友的禮物，這個禮物價值十元。這個時候你心中有些不舒服，畢竟她過

生日的時候，你買了一份價值一千元的禮物送她。你做了幾輪深呼吸，覺察到這是一種憤怒和委屈的感覺，而這是因為你認為自己的付出沒有得到回報。

這個時候有些人會迅速進入自我批評的狀態，你會對自己說：「我也太小心眼了吧，難道我送別人什麼價值的禮物，別人就要回報給我什麼價值的禮物嗎？這也太功利了！」這就讓本來非常好的自我覺察，變成了批鬥大會。情緒的小孩本來以為向你敞開心扉你會安慰他，結果現實是你誘導他說出了真心話，利用他的真心來攻擊。情緒小孩一定非常傷心與難過。

所以，在覺察了自己的情緒之後，你需要做的是「接納」它。對自己說：「哦，我的付出沒有得到回報，這讓我有些憤怒和委屈。這很正常，歡迎你，我的情緒。希望付出有所回報的需要很美好，我可以做些什麼實現這樣的需要呢？」這個時候，你不僅接納了自己的情緒，而且將自己的注意力從「問題」轉移到了「方法」上。

對應內容

第一章　方法1：與過去告別，你不再是那個無助的小孩

第三章　方法1：看到自卑與自戀背後的美好需要

第七章　方法2：想個辦法，與情緒玩耍

第三步：連接資源（Links to Resources）

有時候，情緒來得過於強烈，以你自己的能力實在不敢去覺察它，更加無法接納它。比如，憂鬱、焦慮襲來，你真的不知道怎麼辦好。這個時候你需要讓一些「資源」來幫助你。

所謂資源，可以是現實層面的，也可以是心靈層面的。在現實層面，你一定

有一些很信任的人，可以和他們傾訴，在他們的陪伴下幫你看到自己的內心世界。如果實在是沒有這樣一個人，你也可以找一名心理諮詢師來幫助你。在心靈層面，你擁有很多資源，比如，一段美好的回憶，一個一想到就可以帶給你力量感的人，你可以去想一想這些、感受這些，並獲得力量與支持。

對應內容

第六章　方法1：挖掘「勇猛」的能量，讓勇敢成為你的一部分

第六章　方法3：搭建資源庫，為心靈建立安全的港灣

第四步：信念轉換（Faith Conversion）

我們說過，所有的情緒都是從「信念」而來的。你之所以害怕在公開場合講

話，一定是因為你擁有類似「別人對我充滿了批判」的信念。你之所以不敢拒絕別人，一定是因為你擁有諸如「我一拒絕別人，別人就會受傷，一個人受傷就會憤怒，憤怒就會報復我，而別人的報復是我受不了的」這種信念。所以改變情緒的關鍵在於轉換你的基本信念。

你在辨識出一種情緒並接納它之後，去想一想這種情緒背後的信念是什麼。問一問自己，這個信念是真理嗎？是絕對的嗎？每個人真的都那麼關心台上的我說了什麼嗎？我拒絕了別人，別人一定會報復我嗎？然後，你就會發現，這些令我們不舒服的基本信念往往是不合理的。既然它不合理，就將它轉換一下吧。

對應內容

第五章　方法2：從「我應該做」到「我想要做」

第六章　方法2：學會對自己說：「我受得了！」

第七章　方法3：換個角度觸摸「情緒大象」
第八章　方法1：放自己一馬，給你的評判標準升級

第五步：技巧提升（Skill Improvement）

如果你想要吃核桃，可以買一個鉗子來幫助自己。如果你想要和遠方的家人經常聯繫，可以買一部手機幫助自己。當你在生活中遇到一些困難的時候，為什麼不用一些「工具」來幫助自己呢？

比如，你很難拒絕別人，可是總是不拒絕別人，就沒有了自己的生活，這個時候你很痛苦，怎麼辦呢？雖然覺察並接納情緒、連接資源、轉換信念都可以在一定程度上幫助到你，但是與人相處是一個「現實」問題，為什麼不去學習一些社交技巧幫助自己呢？如何在不傷害別人的情況下表達拒絕與情緒，這都有「現

成」的方法可以使用，只要你花一點點時間去學習，就會給自己帶來很大的幫助。

對應內容

第一章　方法３：「無情」拒絕，做個「狠人」

第二章　方法１：可以很溫柔地「不贊同」

第六步：經驗獲得（Experience Gain）

人是經驗性動物，這次下樓梯摔倒了，下次就會小心；這次被傷害了，下次就不和這個人交往。在你更新了自己的基本信念、提升了自己的技巧之後，你也只是在頭腦裡明白了新的道理，而如果你想真正在生活中有所改變，就必須勇敢去實踐，並獲得新的經驗。

比如，你不能拒絕別人，是因為「一拒絕別人，我們的關係就會破裂」的信念，你發現了它並告訴自己：「這段關係沒有自己想的那麼脆弱，如果關係一碰就碎了，這樣的關係也不值得珍惜。」另外，你也學習了拒絕他人的技巧。可是如果你沒有實踐過，你就永遠無法改變拒絕別人的恐懼。只有當你獲得了新的經驗，在現實裡檢驗了新的信念與技巧之後，你才會發現拒絕並沒有讓關係破裂，反而讓別人更加尊重你了，這時你才能徹底消除拒絕別人帶來的恐懼感。

對應內容

第二章　方法２：表達情緒，而不是帶著情緒去表達

第四章　方法１：忍住，做個「壞一點」的普通人試試

第八章　方法２：從「我不配」到「我想要」

第七步：愛自己（Love Yourself）

愛自己不是說給自己買漂亮衣服，讓自己吃好喝好這麼簡單。最重要的愛自己的方式是化解內心的衝突，將自己當作一個獨立個體來看待，或者說，就是「自我接納」。

當你在現實中就是內向的人，卻要求自己社交能力超群，能迅速與所有人建立起關係的時候，你就是有衝突、不能接納自我、不愛自己的，這會給你的心靈帶來極大的痛苦。只有你真正接納了自己是一個有血有肉的人，有自私的想法、有自己的個性，你才能在自己的現實下，活出最美的自己。

同時，你也需要學習分清自己的事情與別人的事情，不為別人的情緒過度負責，而是專注於自己的喜悅與成功。

對應內容

第一章　方法2：能夠選擇，衝突就不可怕
第二章　方法4：自我接納，只需三步
第四章　方法2：分清「人生課題」
第四章　方法3：我是「好」的，不需要被證明
第五章　方法1：你需要的認可，可以自給自足

第八步：極好的身心狀態（Fabulous Life）

當你做到了前面的七個步驟，極好的身心狀態將是自然而然的結果，然而，你還可以做一些努力，讓自己的身心狀態更好一些。

比如，你可以去做一些冥想的訓練。每天用五分鐘，從頭到腳地感受你的身

體。覺察當下發生的一切，下雨的時候，聽一聽雨打在手上是什麼聲音，聞一聞空氣裡的味道是怎樣的，看一看樹是如何在風中搖擺的，鳥兒是如何匆匆飛過的，感受一下風吹過身體是寒冷還是愜意的，等等。再比如，你可以重新學習「感恩」，體驗生命的美好。

透過這些方式，你會發現，這個世界是因為你的主動體驗而豐富多彩的。你不需要與誰一致，更不需要討好，而只需要簡單地存在、做你自己，就可以擁有足夠的喜悅與幸福。

對應內容

第二章　方法3：「從心」發現自我

第三章　方法2：進入合一的狀態

第八章　方法3：從「苛責自己」到「感恩自己」

後記

到這裡，全部的內容已經寫完了，我真心希望這本書能夠對你有所幫助，哪怕只是某一個章節、某一個點觸動了你，並讓你有所改變，這本書也算是完成了它的神聖使命，我也會為此而感到幸福與開心。如果可以的話，我非常期待你的反饋。

當然，這本書也有很多不足之處，比如，有些主題的分類不夠合理，「不能拒絕別人」真的和「不能向別人提要求」是完全不同的兩回事嗎？再比如，同一個概念可以解釋很多現象，導致書中難免有重複交叉的內容。當然，最重要的原因還是我的語言表達能力有限，對很多心理現象的分析還不夠透徹深入。在這裡，希望大家多多包涵，多提出寶貴意見（作者信箱：huayangxinli@foxmail.com）。

在本書的最後，請允許我表達感謝。首先，我要感謝編輯姜珊，在寫作過程中給予我諸多有用的建議，同時又給我足夠的自由呈現我想呈現的內容。其次，感謝我的丈夫，他自己總結說，在我的寫作過程中，他「以穩定老婆情緒為主，以幫助核稿為輔」做出了突出貢獻。再次，我也想謝謝我的父母、公婆，是你們在生活中給予我諸多幫助，才讓我有精力做我想做的事情。最後，我也想感謝我的諮詢師余曄，陪我探索內心世界，看我哭、看我笑，這麼多年一直都在。當然，我最想感謝的還是我的討好型人格，恨過你、怨過你，但是能與你周旋這麼久，現在想想，我真的非常非常感激。

願這本書能夠成為照亮你的燈塔，成為你改變道路上的同伴，但是我最希望的，是你有一天不再需要它，也能夠對自己的討好型人格說一句：「謝謝你，我愛你。」

不去討好任何人
是我們成為自己的開端

國家圖書館出版品預行編目資料

我再也不想討好任何人 / 滑洋 著 -- 初版. -- 臺北市：平安文化, 2023.12 面 ;公分. -- (平安叢書；第781種)(Upward；151)

ISBN 978-626-7397-05-3 (平裝)

1.CST：自我肯定 2.CST：人際關係 3.CST：生活指導

177.2 112018810

平安叢書第0781種

Upward 151

我再也不想討好任何人

《我再也不想討好任何人》：文化部部版臺陸字第112287號；許可期間自112年9月23日起至117年3月27日止。

作　　者—滑洋
發 行 人—平雲
出版發行—平安文化有限公司
台北市敦化北路120巷50號
電話◎02-27168888
郵撥帳號◎18420815號
皇冠出版社(香港)有限公司
香港銅鑼灣道180號百樂商業中心
19字樓1903室
電話◎2529-1778　傳真◎2527-0904
總 編 輯—許婷婷
執行主編—平　靜
責任編輯—張懿祥
美術設計—之一設計/單宇
行銷企劃—謝乙甄
著作完成日期—2023年3月
初版一刷日期—2023年12月
初版二刷日期—2024年1月
法律顧問—王惠光律師

讀者服務傳真專線◎02-27150507
電腦編號◎425151
ISBN◎978-626-7397-05-3
Printed in Taiwan
本書定價◎新台幣380元/港幣127元